The Conquest of Happiness
羅素的幸福解答之書
【陪你踏上幸福之路的解憂實踐指南】

Bertrand Russell
伯特蘭．羅素＿＿＿著　藍曉鹿＿＿＿譯
數學家、哲學家、諾貝爾文學獎得主

羅素又來說話了（代前言）

徐志摩

每次我念羅素的著作或是記起他的聲音笑貌，我就聯想起紐約城，尤其是吳爾吳斯[1]五十八層的高樓。羅素的思想言論，彷彿是夏天海上的黃昏，紫黑雲中不時有金蛇似的電火在冷酷地料峭地猛閃，在你的頭頂眼前隱現！

矗入雲際的高樓，不危險嗎？一半個的霹靂，便可將他錘成粉屑——震得赫真

1　吳爾吳斯，通譯伍爾沃斯，紐約一幢高樓。一九一三年落成，直到一九三〇年間，它一直是紐約最高的建築，該大樓迄今仍是所謂「商業聖堂」式建築的代表佳作。由建築師吉爾伯特（Cass Gilbert）設計，屬於新歌德式的建築。

江[2]邊的青林綠草都競競地搖動！但是不然！

電火盡閃著，霹靂卻始終不到，高樓依舊在層雲中矗著，純金的電光，只是照出他的傲慢，增加他的輝煌！

羅素最近在他一篇論文叫做：《餘閒與機械主義》（見 Dial, For August, 1923）[3]又放射了一次他智力的電閃，威嚇那五十八層的高樓。

我們是踮起腳跟，在旁邊看熱鬧的人；我們感到電閃之迅與光勁，亦看見高樓之牢固與倔強。

一二百年前，法國有一個怪人，名叫凡爾太[4]的，他是羅素的前身，羅素是他的後影；他當時也同羅素在今日一樣，放射了最敏銳的智力的光電，威嚇當時的制度習慣，

---

2 赫真江，通譯哈德遜河，美國東北部的一條河流；長五百零七公里，發源於紐約上州阿第倫達克山脈，上游分出摩和克河，西接伊利運河（可達五大湖），流經哈德遜河谷後匯入紐約港，是紐約州的經濟命脈。

3 括弧內的英文是《日晷》一九二三年八月號。《日晷》是美國的一家學術刊物，其編輯部於一九一八年從芝加哥遷到紐約，故這裡有震撼紐約之說。

4 凡爾太，通譯伏爾泰（一六九四－一七七八），法國啟蒙時代思想家、哲學家、文學家，啟蒙運動公認的領袖和導師。被稱為「法蘭西思想之父」。

當時的五十八層高樓。他放了半世紀冷酷的、料峭的閃電，結成一個大霹靂，到一七八九那年，把全歐的政治，連著比士梯亞[5]的大牢城，一起的打成粉屑。羅素還有一個前身，這個是他同種的，就是大詩人雪萊的丈夫，著《女權論》的吳爾頓克辣夫脫[6]的丈夫，威廉古德溫[7]，他也是個崇拜智力，崇拜理性的，他也憑著智理的神光，抨擊英國當時的制度習慣，他是近代各種社會主義的一個始祖，他的霹靂，雖則沒有法國革命那個猛烈，卻也打翻了不少的偶像，打倒了不少的高樓。

羅素的霹靂，要到什麼時候才能轟出，不是容易可以按定的；但這不住的閃電，至少證明空中涵有蒸熱的悶氣，遲早總得有個發洩，疾電暴雨的種子，已經滿布在雲中。

他近年來最厭惡的對象，最要轟成粉屑的東西，是近代文明所產生的一種特別現象，與這現象所養成的一種特別心理。

5　比士梯亞，通譯巴士底監獄，十四世紀至十八世紀法國巴黎的國家監獄。

6　吳爾頓克辣夫脫，通譯沃斯通克拉夫特（Mary Wollstonecraft，一七五九－一七九七），以所著《女權論》聞名，小說家瑪麗．雪萊的母親，詩人雪萊的岳母。

7　威廉古德溫，通譯威廉．葛德文（William Godwin，一七五六－一八三六），英國政治家，小說家，當過牧師，因信仰無神論而放棄神職。著有《共和政體史》、《社會正義》等書。

不錯，他對於所謂西方文明，有極嚴重的抗議；但他卻不是印度的甘地，他只反對部分，不反對全體。

他依然是未能忘情的，雖則他獎勵中國人的懶惰，讚嘆中國人的懦怯，慕羨中國人的窮苦——他未能忘情於歐洲真正的文化。「我願意到中國去做一個窮苦的農夫，吃粗米，穿布衣，不願意在歐美的文明社會裡，做賣靈魂，吃人肉的事業。」這樣的意思，他表示過好幾次。但研究數量，大膽地批評人類，卻不是賣靈魂，更不是吃人肉；所以羅素雖則愛極了中國，卻還願意留在歐洲，保存他Honorable[8]的高貴，這並不算言行的不一致，除非我們故意的蠻不講理。

When I am tempted to wish the human race wiped out by some passing comet, I think of scientific knowledge and of art; those two things seem to make our existence not wholly futile.[9]

羅素先生經過了這幾年紅塵的生活——在戰時主張和平，壓抗戰爭；與執政者鬥，

8 是一個對某人士的敬語，是一種尊稱。

9 這段英文的大意是：「每當我忍不住希望人類毀於某顆劃過的慧星，便想到科學和藝術，這兩樣東西似乎證實我們的存在並非毫無意義。」

與群眾鬥，與癲狂的心理鬥，失敗，屈辱，褫奪教職，坐監，講社會主義，讚揚蘇維埃革命，入勞工黨，遊鮑爾雪微克之邦[10]，離婚，遊中國，回英國，再結婚，生子，賣文為生——他對他人生的觀察與揣摹，已經到了似乎成熟的（所以平和的）結論。

他對於人生並不失望；人類並不是根本要不得的，也並不是無可救度的。而且救度的方法，決計是溫和的，不是暴烈的：暴烈只能產生暴烈，他看來人生本是鑠亮的鏡子。現在就只被灰塵蓋住了；所以我們只要擦了灰塵，人生便可回復光明的。

他以為只要有四個基本條件之存在，人生便是光明的。

第一是生命的樂趣——天然的幸福。

第二是友誼的情感。

第三是愛美與欣賞藝術的能力。

第四是愛純粹的學問與知識。

10　鮑爾雪微克，通譯作布爾什維克，是俄國社會民主工黨中的一個派別。一九一七年，布爾什維克通過十月革命以革命奪取了俄國政權，最終在日後成為蘇聯共產黨。因此，鮑爾雪微克之邦，即「蘇聯」之意。

這四個條件只要能推及平民——他相信是可以普遍的——天下就會太平，人生就有顏色。

怎樣可以得到生命的樂趣？他答，所有人生的現象本來是欣喜的，不是愁苦的；只有妨礙幸福的原因存在時，生命方始失去他本有的活潑的韻節。小貓追趕她自己的尾巴，鵲之噪，水之流，松鼠與野兔在青草中征逐：自然界與生物界只是一個整個的歡喜。人類亦不是例外；街上襤樓的小孩，哪一個不是快樂的？人生種種苦痛的原因，是人為的，不是天然的；可移去的，不是生根的；痛苦是不自然的現象。只要彰明的與潛伏的原始本能，能有相當的滿足與調和，生活便不至於發生變態。

社會的制度是負責任的。從前的學者論政治或論社會，亦未嘗不促定一分心理的基礎；但心理學是個不甚發達的科學，功利主義的心理假定過於淺陋。近代心理學尤其是心理分析對於社會科學最大的貢獻，就在證明人是根本的自私的動物。利他主義者只見了個表面，所以利他主義的倫理只能強人作偽，不能使人自然的為善。幾個大宗教成功的祕密，就在證明這重要的一點：耶穌教說你行善你的靈魂可升天；佛教說你修行結果你可證菩提；道教說你保全你的精氣你可成仙。什麼事都沒有自己實在的利益徹底；什麼事都起源於自覺的或不自覺的利己的動機。但同時人又是善於假借的；他往往穿著極體面的衣裳，掩蓋他醜陋的原形。現在的新心理學，彷彿是一面照妖鏡；不論芭蕉裏的怎樣的緊結，他總耐心地去剝。現在雖然剝盡，也許竟已剝到蕉心了。

所以人類是利己的，這實在是現代政治家與社會改良家所最應認明與認定的。這個真理的暴露，並不有損人類的尊嚴，如其還有人未能忘情於此；並且亦不妨礙全社會享受和平與幸福的實現。認明了事實與實在，就不怕沒有辦法，危險就在隱匿或詭辯實在與事實。病人諱病時，便有良醫也是無法可施的。

現代與往代的分別，就在自覺與非自覺；社會科學的希望，就在發現從前所忽略的、誤解的、或隱祕的病候。理清了病情，開明了脈案，然後可以盼望對症的藥方；否則即使有偶逢的僥幸，也絕不能祛除病根的。

實際的說，身體的健康當然是生命的樂趣的第一個條件；有病的與肝旺的人，當然不能領略生命自然的意味。所以體育是重要的。但這重要也是相對的，我們如其側重了軀體，也許因而妨礙智力的發展，像我們幾個專誠尊崇運動學校的產品，蔡孑民先生[11]曾經說到過，也是危險的。肌肉與腦筋應受同等的注意。如果男女都有了最低限度的健康，自然的幸福便有了基礎，此外只要社會制度有相當的寬緊性，不阻礙男女個人本能相當的滿足，消極的不使發生壓迫狀態致有變態與反常之產生。

工作是不可免的，但相當的餘閒也是必要的；羅素以為將來的社會不容不工作的分子，亦不容偏重的工作。據經濟學家計算，每人每日只需三四小時工作，社會即可充裕地過去，現有的生產率，一半是原因於競爭制度的糜費。

工業主義的一個大目標是「成功」（Success），本質是競爭，競爭所要求的是「捷效」（Efficiency）。成功，競爭，捷效，所合成的心理或人生觀，便是造成工業主義，日趨自殺現象，使人道日趨機械化的原因。我們要回復生命的自然與樂趣，只有一個方法，就在打破經濟社會競爭的基礎，消滅成功與捷效的迷信——簡言之，切近我們中國自身的問題說，就在排斥太平洋那岸過來的主義，與青年會[12]所代表的道德。我前天會見一個有名的報館經理，他說，報的事情，如其你要辦他個發達，真不是人做的事！又有一個忠慎勤勞的銀行經理，與一個忠慎勤勞的紗廠經理，也同聲地說生意真

11 蔡孑民，即蔡元培（一八六八－一九四〇），中國近代思想家、教育家，北大「教父」。

12 青年會，旨基督教青年會。

不是人做的，整天的忙不算，晚上夢裡的心思都不得個安穩，究竟為的是什麼，我們自己都不知道。這是實情。競爭的商業社會，只是蕭伯納所謂零賣靈魂的市場。我們快快地回頭，也許可以超脫；再不是迷信開紗廠，比如說，發大財——要知道蘊藻濱華麗宏大的大中華的煙囪，已經好幾個不出煙。我們與其崇拜新近死的北岩公爵（他最大的功績，就在造成同類相殘的心理，摧殘了數百萬的生靈，他卻取得了威望與金錢與不朽的榮譽）與美國的十大富豪，不如去聽聶雲台先生[13]的懺悔談，去講他演說托爾斯泰與甘地的真諦吧！

羅素說他自從看過中國以後，他才覺悟「累進」（Progress）與「捷效」的信仰是近代西方的大不幸。他也悟到固定的社會的好處——這是進步的反面——與惰性，或懶惰主義的妙處——這是捷效的反面。他說：「I have hopes of laziness as gospel.」[14]懶惰是濟世的福音！我們知道羅素所謂「懶惰」的反面不是我們農業社會之所謂勤——私人治己治家的勤是美德，永遠應受獎勵的——而現代機械式的工商社會所產生無謂的慌忙與擾攘，滅絕性靈的慌忙與擾攘。這就是說，現代的社會趨向於侵蝕，終於完

13 聶雲台（一八八〇－一九五三），實業家。主要經營紡紗業，曾任上海總商會會長，紗廠聯合會副會長。

14 這句英文的意思是，「我希望懶惰是一種準則。」gospel 這個詞另外可作「福音」講，本文作者對這句話的理解似乎是，「懶惰是我企望的福音」。

全剝奪合理的人生應有的餘閒，這是極大的危險與悲慘。勞力的工人不必說，就是中等社會，亦都在這不幸的漩渦中急轉。羅素以為，譬如就英國說，中級社會之頑、愚、嫉妒、偏執、迷信，勞工社會之殘忍、愚暗、酗酒的習慣，等等，都是生活的狀態失了自然的和諧的結果。

所以現代社會的狀況，與生命自然的樂趣，是根本不能相容的。友誼的情感，是人與人，或國與國相處的必需元素，而競爭主義又是阻礙真純同情心發展的原因。又次，譬如受美的風尚，與普遍的藝術的欣賞，例如當年雅典或初期的羅馬曾經實現過的，又不是工商社會所能容恕的。從前的技士與工人，對於他們自己獨出心裁所造成的作品，有親切真純的興趣；但現在伺候機器的工作，只能僵癟[15]人的心靈，絕不能獎勵創作的本能。我們只要想起英國的孟騫斯德[16]、利物浦；美國的芝加哥、畢次保格[17]、紐約；中國的上海、天津，就知道工業主義只孕育醜惡，庸俗，齷齪，罪惡，囂厄，高煙囪與大復賈。

15 僵癟，昆明話就是長不大的意思。
16 孟騫斯德，通譯曼徹斯特，和後文的利物浦都是英國的工業城市。
17 畢次保格，通譯匹茲堡，美國的工業城市。

又次，我們常以為科學與工業文明有不可分離的關係。是的，關係是有的；但卻不是不可分離的。沒有科學，就沒有現代的文明；但科學有兩種意義，我們應得認明：一是純粹的科學，例如自然現象的研究，這是人類憑著智力與耐心積累所得的，羅素所謂「The most God-like thing that men can do.」[18]一是科學的應用，這才是工業文明的主因。真純的科學家，只有純粹的知識是他的對象，他絕對不是功利主義的，絕對不問他尋求與人生有何實際的關係。孟代爾（Mendel）[19]當初在他清靜的寺院培養他的豆苗，何嘗想到今日農畜資本家的利用他的發明？法蘭岱（Faraday）[20]與麥克士惠爾（Maxwell）[21]亦何嘗想到現代的電氣事業？

當初的先生們，竭盡他們一生精力，開拓人類知識的疆土，何嘗料想到，照現在的狀況看來，他們倒似乎變了人類的罪人；因為應用科學的成績，就只（一）倍增了

18　這句英文的意思是，「最超絕的事是人們能夠做」。

19　孟代爾，通譯孟德爾、蒙代爾（一八二二－一八八四），奧地利遺傳學家。他於一八六五年提出了基因的概念，並闡明其遺傳規律，成為這門學科的奠基人。

20　法蘭岱，通譯法拉第（一七九一－一八六七），英國物理學家和化學家。他於一八三一年發現電磁感應現象並確定其基本規律。

21　麥克士惠爾，通譯麥克斯韋爾（一八三一－一八七九），英國物理學家。他在法拉第工作的基礎上，建立了電磁場的基本方程。

貨物的產品，促成資本主義之集中；（二）製造殺人的利器；獎助同業自殘的劣性；（三）設備機械性的娛樂，卻掩沒了美術的本能。我們再看，應用科學最發達的所在是美國；資本主義最不易搖動的所在，是美國；純粹科學最不發達的，亦是美國；他們現在所利用的科學的發現，都不是美國人的成績。所以功利主義的傾向，最是不利於少數的聰明才智，尋求純粹智識的努力。我們中國近來很討論科學是否人生的福音，一般人竟有誤科學為實際的工商業，以為我們若然反抗工業主義，即是反對科學本體，這是錯誤的。科學無非是有系統的學術與思想，這如何可以排斥；至於反抗機械主義與提高精神生活，卻又是一件事了。

所以合理的人生，應有幾種元素——自然的幸福，友誼的情感，愛美與創作的獎勵，純粹知識——科學——的尋求——都是與機械式的社會狀況根本不能並存的。除非轉變機械主義的傾向，人生很難有希望。

這是我們也都看得分明的；我們亦未嘗不想轉變方向，但卻從哪裡做起呢？這才是難處。羅素先生卻並不悲觀。他以為這是個心理——倫理的問題，舊式的倫理，分別善惡與是非的，大都不曾認明心理的實在，而且往往側重個人的。羅素的主張，就在認明心理的實在，而以社會的利與弊，為判定行為善惡的標準。羅素看來，人的行為只是習慣，謂先天的善與惡。凡是趨向於產生好社會的習慣，不論是心的或體的，就是善；反之，產生劣社會的習慣，就是惡。羅素所謂好的社會就是反面，因本能壓迫而生的苦痛（替代自然的快樂），恨與嫉忌（替代友誼與同情）；傭俗少創作，不知愛美，與心智的好奇心之薄弱。要獎勵有利全體的習慣，可以利用新心理學的發現。我們既然明白人是根本自私自利的，就可以利用人們愛誇獎惡責罰的心理，造成一種絕對的道德（Positive Morality），就是某種的行為應受獎勵。某種的行為應受責辱。但只是折中於社會的利益，而不是先天的假定某種行為為善，某種行為為惡。從前臺灣土人有一種風俗：一個男子想要娶妻，至少須殺下一個人頭，帶到結婚場上；我們文明社會獎勵同類自殘，叫做勇敢，算是美德，豈非一樣可笑？

這樣以結果判別行為的倫理，就性質說，與邊沁[22]及穆勒父子[23]所代表的倫理學，無甚分別；羅素自己亦說他的主張並不是新奇的，不過不論怎樣平常的一個原則，若然全社會認定了他的重要，著力的實行去，就會發生可驚的功效。以公眾的利益判別行為之善惡：這個原則一定，我們的教育，刑律，我們獎與責的標準，當然就有極重

22　邊沁（一七四八－一八三二），英國倫理學家、法學家，主張「功利原則」。

23　穆勒父子，即詹姆斯．穆勒（一七七三－一八三六）與約翰．穆勒（一八〇六－一八七三），父子均為英國哲學家、經濟學家。

要的轉變。

歸根的說，現有的工業主義，機械主義，競爭制度，與這些現象所造成的迷信心理與習慣，都是我們理想社會的仇敵，合理的人生的障礙。現在，就中國說，唯一的希望，就在領袖社會的人，早早地覺悟，利用他們表率的地位，排斥外來的引誘，轉變自殺的方向，否則前途只是黑暗與陷阱。羅素說中國人比較的入魔道最淺，在地面上可算是最有希望的民族。他說這話，是在故意的打誑，哄騙我們呢，還是的確是他觀察現代文明的真知灼見？但吳稚暉先生[24]曾叮囑我們，說羅素只當我們是小孩子，他是個大滑頭騙子！

（原刊一九二三年十二月《東方雜誌》第二十二卷第二十三期）

24　吳稚暉（一八六六－一九五三），原名朓（一作眺），學名紀靈（又作寄蛉），後改名敬恆，字稚暉，號朏盦、朏庵，筆名燃、夷、吳朏等，早年曾參加同盟會，辦過報紙，後任國民黨中央監察委員。他的《一個新信仰的宇宙觀與人生觀》在二十年代頗有影響。

目錄

下部　快樂的原因

我想，我能就此與動物為伍生活，牠們如此寧靜而自足，
我佇立望向牠們，良久、良久。
牠們不為生活焦慮，也不抱怨處境，
牠們不會在夜裡輾轉難眠、悲泣自己的罪過，
不高唱身為神之子民的責任，故不令我厭惡，
沒有一隻動物會心懷不滿，沒有一隻動物會為占有欲而癲狂，
沒有一隻動物會向他種動物俯首稱臣，也沒有一隻動物會崇拜幾千年前的祖先，
沒有任何一隻動物比大地崇高，亦沒有一隻動物對大地不滿。

華特・惠特曼（Walt Whitman）／《自我之歌》

前言

本書並非寫給專家，或者那些不打算解決生活中實際難題的人。書裡沒有博大精深的哲學洞見，或引經據典的考究論述，僅僅彙集了一些我所相信的生活常識、觀點。這些我宣稱可以提供讀者採用的祕訣，皆均為我親歷親見，且經實踐證明有效提升了我自身的幸福感。因此，我大膽的希望，那些身陷不幸而身受其苦的人，能在本書中明察自身困境，並找到突圍之路。我相信，許多心灰意冷、悶悶不樂的人，只要付出恰當的努力，皆能獲得幸福。這正是我寫此書的初衷。

上部　不快樂的原因

〈第一章〉什麼使人不快樂？

動物只要健康並有足夠的食物，便會心滿意足。人類照理來說應該相仿，可事實不然，至少絕大多數人都不是知足常樂的。如果你感覺自己是不快樂的，恐怕你不會認為你是個特例。而如果你感覺自己是快樂的，那麼，看看周圍有多少朋友跟你一樣笑口常開？當你回顧這些親友後，記得從中學學察言觀色的技巧，讓自己更善於感受日常所遇到的各色各樣的人及他們的情緒。

英國詩人布萊克（William Blake）寫道：

我所看到的每張臉上都沾染著
怯弱、哀傷的痕跡。

雖然不快樂的神色姿態各不相同，但你會發現，鬱鬱寡歡的身影無處不在。讓我們假設你身處在最典型的現代大都市——紐約，你在工作日繁忙的街頭，或於週末時途經市區某條大道，又或者出席一場夜間舞會。請把你的自我從腦子裡拋開，將來自四周陌生人的影像，一個接一個盡收眼底。你將發現，在這些身處不同場域的人們，誰都有自己的煩惱。在上班的那些人身上，你會覺察到他們的焦慮不安、過度專心與消化不良，他們只關心如何競爭，不懂娛樂的樂趣，更對旁人視若無睹。在週末的市區大道上，你將看到生活寬裕的男男女女，其中不乏非常富有的人，他們全都投入尋歡的行列之中。他們都保持著相同的步調追逐快樂，即坐著慢到無可再慢的汽車魚貫而行；開車的人不僅無法看清前方路況，更遑論欣賞四周的風景，因為稍一旁視可能會導致事故發生；車上所有人的唯一願望是超越前車，但又由於擁擠而無可奈何；如果駕駛不把超過前車放在心上，如同乘客一般，他們可能把思緒移到別處去，而變得無聊透頂，被一種難以言狀的煩悶占據他們的心，使他們露出微微懊惱的神情。偶爾駛過一輛載滿黑人的車子，乘客們洋溢著歡快氣氛，可這樣異乎尋常的行徑卻會引起公憤，最終會由於某種「事故」落入員警之手：因為——享受假日裡的快樂是違法的。

接著，讓我們再來觀察一下夜總會裡的那些人。大家來時都打定主意盡興作樂，其堅定的決心如同看牙醫時決意不呼天搶地一般。世人普遍認為飲酒和親昵是通往狂喜的捷徑。因此，人們開懷暢飲，並盡力忽略夥伴們的反感。飲到一定程度，開始淚流滿面，哀嘆自己在品德方面怎樣不配得到母親的疼愛。酒精釋放了他們在神智清醒時被理性所壓抑下來的罪惡感。

這些不同種類的不快樂，部分是由於社會制度的緣故，部分是由於個人心理的緣故——當然，個人心理在很大程度上也是社會制度的產物。關於如何改變社會制度以提升幸福感，如何終結戰爭、停止經濟剝削、廢除殘忍與恐怖的教育等論題，我在此前已經寫過若干文章，本書不再提及。改善制度以避免戰爭，是我們文明的核心要務；但是，這種制度的建立，目前比登天還難，因為人們現在很不快樂、終日愁眉不展，以致覺得相互殘殺還不及無窮盡的熬日子來得可怕。如果機器生產能使一貧如洗的人從中獲利，那當然應該去避免貧困的延續；但是如果富人本身也在忍受煎熬，那麼人人富裕又有甚麼意義？以殘忍與恐怖作為教育手段並非上策，但是如果教育者本身就是殘忍與恐怖教育的奴隸，那麼他又能提供什麼其他的教育妙方？以上種種思考引領我們聚焦關注個人所遭遇的問題：當下此時，在這個懷舊的社會裡，我們該怎樣去為自己爭取快樂？在討論這個問題時，我排除那些在外在遭受極端悲慘磨難蹂躪的人。我假定他們收入穩定、衣食無虞，身體健康、行動無礙。儘管天災人禍、家破人亡或是蒙受公眾恥辱這樣的災難同樣存在，而且很值得討論，但與我希望細談的主題並非同一個話題。我的目的是要提供一帖根治日常煩惱的藥方，那煩惱是文明國家裡的大多數人所共有的，而且由於並無明顯的外在成因，以致讓人感到逃無可逃，所以就更令人感到難以忍受。我認為這些不快樂情緒，絕大部分可歸咎於錯誤的世界觀、錯誤的道德觀和錯誤的生活習慣的緣故，是它們破壞了我們天生追求幸福的熱情與興致，而這些熱情，卻正是無論人類或獸類最終踏上幸福之路時所必須仰賴的基石。觀念和習慣都是個人可以掌控之事，因此我想提供一些改變的辦法，憑著這個辦法，再加上不太差的個人運氣，也許都能得到快樂。

簡短的自述也許能成為我所主張的哲理的最好介紹。我並不是個天生快樂的人。我兒時最喜歡的聖歌是：「討厭的世界滿載著我的罪惡。」五歲那年，我曾想，如果我能活到七十歲，那現在我才熬過了一生的十四分之一而已。想到還有如此漫長、沒有盡頭的苦悶生活等在前方，深覺自己幾乎不可能熬過。在青少年時代，憎恨人生的我，經常徘迴在自殺邊緣，然而鑽研數學知識的熱切欲望使我打消此念。而現在的我，完全不同了，我享受生活，甚至可以說，我對生活的熱愛幾乎可以說是與年俱增。個中原因，一方面是我已發現自己最渴望的東西是什麼，並且不斷地獲得；另一方面，則是由於我已成功地放棄了某些根本就不可能實現的目標，比如鑽研出某種無可置疑的知識、絕對真理。更重要的原因在於，我不再過度關注著自己。如同其他接受過清教徒教育的人一樣，我也曾習慣於反省自己的罪過、愚昧和缺點。對我來說，我就是個可悲的傢伙——這無庸置疑。於是，我逐漸學會不再介意自己和自己的毛病，而是把越來越多的注意力放到外界的事物及對象上，例如：世界局勢、各種學科知識，以及我所喜歡的人。誠然，對外界的關注也有帶來痛苦的可能，像是：世界也許會爆發戰爭，某個領域的知識可能難以掌握，朋友也許會離我而去。但這類痛苦不像那類源於厭惡自己的痛苦那樣，會破壞人生的本質。而每一種對外界的興趣，都會啟發某種活動，只要這種興趣不減，它所帶來的活動便能成為完全抑制苦悶人生的措施。相反的，對自己的關注絕對不會帶來任何具進展性的活動。它也許能讓你堅持寫日記，去給精神分析師治療，或讓人成為修士、僧侶。但是修士也只有當修道院的戒律讓他忘掉自我的靈魂時才會感到輕鬆。修士認為宗教讓他擁有這種愉快，但其實這腫愉悅，他若從事清潔工的工作也一樣可以得到，只要他被迫持續做下去即可。外部的戒律性活動，是這些不幸之人通往快樂的唯一途徑，因為他們自我耽溺嚴重到無可救藥，以致無法利用其他方式矯正過來。

自我耽溺的種類五花八門，「罪惡感」、「自戀狂」和「自大狂」是最普遍的三種類型。

我所說的「罪人」，並非指那種犯了罪行的人：每個人都會犯上小過小惡，也或者不會，端視我們對罪惡的定義而論。我所指的乃是那種沉溺於「罪惡意識」的人。這種人永遠處在自責之中，如果他信教，就會將這種狀態詮釋成上帝對他的厭惡。他總是按照自己認為應該有的樣子來想像自己，然而這卻和他自我的實際認知相牴觸。假使他在意識思想層面，早已拋棄了孩提時在母親膝上所學到的戒律格言，他的罪惡感仍可能深埋在他的潛意識裡，只有在他喝醉或熟睡時才浮現出來。儘管如此，這卻已經足以讓一切事物都索然無味了。骨子裡，他依然接受兒時學到的一切禁令。詛咒是罪惡的；喝酒是罪惡的；生意上的精明是罪惡的；性行為尤其是罪惡的。當然，他並沒有放棄這些樂事，不過，對他而言，這種種樂趣全都浸染了毒藥，因為他覺得是這些樂趣讓自己墮落。他全身心所渴望的快樂，記憶中孩提時母親所給予的愛撫，既然此種快樂不可復得，他便感到一切都乏味；既然他不能不犯罪，他便決定痛痛快快地犯罪。當他落入情網時，總是尋求慈母式的溫柔，但因為心中猶存母親的形象，他又不能接受這樣的溫柔，所以他對任何與他有性關係的女子都無法產生敬意。失望之際，他變得殘忍，接著又懺悔自己的殘忍，之後又重新開始，輪迴於這個幻想的罪惡和真正的悔恨與沮喪的循環。這就是那許許多多表面無情的浪子，他們的心態。使他們誤入迷途的原因，是他們心中藏有一個無法獲得的對象（母親或母親的替代者）的摯愛，以及早年被灌輸的可笑的倫理準則所致。對這些母性「美德」的受害者來說，從早年的信念和情感的桎梏中解放出來，是邁向快樂的第一步。

「自戀」在某種意義上，與慣性的罪惡感恰恰相反；自戀者的特點是習慣於讚賞自己和被人仰慕。當然，在一定程度內，這是正常的，我們不必為之哀嘆；但若表現過度便是嚴重的問題了。許多女性，尤其是上流社會的女性，她們完全喪失了感受愛的能力，取而代之的是所有男人都應該愛她的強烈渴望。當這種女人確信某個男人愛她時，她便不再需要他了。這樣的情形也發生在男性身上，只是相對少一些。典型的例子便是《危險關係》（Les Liaisons dangereuses）這本知名小說中的主角。當虛榮心被提升至如此程度，將對自己以外的任何人都感覺不到真正的興趣，因此也無法在愛情裡得到真正的滿足。而其他的興趣，那情形就更糟了。例如，一個「自戀者」有感於偉大畫家所獲得的普世敬意而去就讀藝術科系；但是由於繪畫對他不過是達到某種目的之手段，掌握繪畫技巧從來不是他真正的興趣所在，因此除了與他本人有關的，別的題材他都看不到。其結果自然是失敗和沮喪，所獲得的也不是奉承吹捧而是譏笑嘲弄。同樣的情況也見於，那些總把自己刻畫成書中英雄的小說家。作品之所以能博得各界喝采，全憑作者對作品本身關注的題材懷有真正的興趣。一個又一個成功的政治家更迭的悲劇則源於，他們對自己的陶醉逐漸取代了他對社會的關注、政策的初心。歷來主張的辦法。一個只關心自己的人並不值得讚賞，並且別人也不會認為他值得被讚賞。因此，如果一個人對這世界的唯一關心是這世界應該對他表示讚賞、仰慕，結果很可能事與願違。即使能夠實現目的，他也不會完全快樂，因為人的本能不可能完全以自我為中心，自戀者依然會為自我設下種種限制，一如被罪惡感支配的人一樣。早期人類也許會因自己是一個好獵手而頗感自豪，但他同時也會感受到狩獵的樂趣。當虛榮過了頭，便會扼殺每一種活動的樂趣，並且無可避免的導致無精打采和百無聊賴的後果。虛榮心的根源往往是缺乏自信，而應對的辦法是增加自尊。然而自尊的增加，唯有真心投入於對外的興趣所帶來的活動上，才能獲得。

「自大狂」不同於「自戀狂」，他追求的是手中的權力而不是個人魅力，他希望令人畏懼而不是令人愛戴。許多瘋子和多數歷史偉人都屬於這一類。權力欲和虛榮心一樣，也是人性中一個強而有力的組成，不必排斥；唯有在它過分膨脹或產生不現實感時，它才變得可悲。在這種情況下，權力欲會使人不快，或是令人變得愚蠢可笑，或兩者皆是。一個自視為王的瘋子在某種意義上也許是快樂的，但他的快樂絕對不是心智健全者所羨慕的那一種。亞歷山大大帝在心理上與瘋人無異，儘管他擁有實現瘋人幻想的能力，他卻無法實現他自己的夢想，因為他的夢想會隨著他的成功而膨脹。隨著他征戰天下，功績與日俱增，他明白自己是史上最顯赫的征服者時，他便決意以神自居。那麼，他是一個快樂的人嗎？他酗酒、他暴怒、他對女性的冷漠無情、自稱擁有神性，在在暗示他並不快樂。以犧牲人性的其他部分為代價來培植權力欲的滿足，或為了彰顯自我而視整個世界可以為我所用，決不會達到最終的心滿意足。無論是精神失常或是表面正常的自大狂，通常是衍生自某種過度的受辱經驗。拿破崙上學時在那些富有的貴族同學面前感到自慚形穢，因為他是一個靠領獎學金讀書的窮學生。當他後來允許流亡者回國時，昔日同學在他面前鞠躬致意時，他頓時感到滿足。何等的快樂！但早年的屈辱，使他渴望從征服沙皇以體會更大的滿足，最終使他被送到了聖赫勒拿島（**St Helena**；又譯聖海倫娜島）。既然沒有人是全能的，那種全然受制於權力欲的人生遲早會遇到難以逾越的障礙。一個人除非瘋狂，否則不可能沒有認識到這一點，哪怕他的權力大到能把所有向他指出這種情形的人都關進監獄或處以極刑。政治受限和心理抑制是相輔相成的，只要有任何形式的心理抑制出現，就沒有真正的快樂可言。當權力不逾越自身界限時，可以大大的增加幸福感，但若把它視為人生的唯一目的，便會造成內在的災難，或是外在的風暴。

顯而易見，不快樂的心理原因是多種多樣的，但種種原因卻有某些共同的根源。典型不快樂的人，在年輕時被剝奪了某種正常滿足的經驗，導致他把這種滿足看得比任何其他滿足都重要，從而使他的一生只朝一個方向發展，並且會過度強調這種滿足的實現，因而忽視了與這種滿足相連結的活動及其意義。不過，如今還發展出一種普遍的新形式，一個人被挫折徹底打垮，以致他不再尋求任何滿足，而只圖娛樂和遺忘。結果他變得玩世不恭，企圖透過麻醉自己來使生活變得能夠忍受。例如，酗酒的行為，一如暫時的自殺，它所帶來的快樂是消極的，只是讓人暫時遠離煩憂。「自戀狂」和「自大狂」都相信快樂是可能的，雖然他們的尋樂方法或許有誤，而那些尋求麻醉的人，無論採用何種形式，除了希望遺忘，再無別的希望。遇到這種情形，首先要做的事情是說服他相信快樂是值得爭取的。不快樂的人就像不時失眠的人一樣，往往會對他們的現狀頗為自豪。他們的自豪恰如失去了尾巴的孤狸對自己的感受，如果真是如此，矯正的辦法就是告訴他們怎樣才能長出一條新尾巴。我相信，若能知道如何活出快樂的自己，鮮少人會故意選擇憂鬱沉悶的生活。我並不否認會有這種人的存在，但一定寥寥無幾。因此，我將假設本書的讀者都是想獲取快樂勝過鬱鬱寡歡的。我並不知道能否協助他們實現這一願望，但無論如何，這種嘗試總是無害的。

〈第二章〉拜倫式的不快樂

與世界歷史上的許多時代一樣，現在人們普遍認為我們當中的睿智人士都已看破過往的各種狂熱，領悟到世上再也沒有什麼事物值得一生戮力以赴。持有這種觀點的人真的很不快樂，但他們卻以自身的抑鬱為傲，認為痛苦是宇宙的本質，並且認為，對於有見識的人來說，這是唯一應該擁有的明智態度。他們對於鬱悶的自豪，使得那些較為單純的人懷疑起此種說法的真實程度，因為他們認為能以苦為樂的人，其實並不苦。這是個太過簡單的觀點，因為，那些不快樂者無疑在優越感和洞察力方面獲得補償，但是這並不足以補償所損失的簡單快感。我本人並不認為鬱鬱寡歡有何高深的道理，相反地，聰明人會在情況允許的範圍內盡量快樂，當他發現思考宇宙會讓他過於痛苦時，他就會把思考轉到別處去。這就是我想在本章表達的觀點。我希望可以說服讀者相信，無論論據如何，理性絕對不會阻礙快樂；不但如此，而且我深信，凡真心把自己的哀傷歸咎於自己的宇宙觀的人，都是犯了本末倒置的錯誤：實際上，他們是因為自己尚不清楚的原因而鬱鬱寡歡，但這種煩悶不快卻促使他們聚焦於世上那些令人不快的特點。

我想討論的這個觀點，對於現代美國人而言，是約瑟夫・伍德・克魯奇先生（Joseph Wood Krutch）在一本名為《現代人的心情》的書中提出來的；對於我們的祖輩而言，是由拜倫提出來的；而就所有時代的人來說，則是由《舊約・傳道書》的作者提出來的。克魯奇先生寫道：「我們的事業是必將失敗的事業，因為在這個自然宇宙裡，沒有我們的一席之地，儘管如此，我們並不因為生而為人而抱憾。我們寧可以生而為人的身份而死，也不願以獸的身份活著。」拜倫寫道：

當思緒萌芽的光輝因情感的衰退而逐漸暗淡時，
世界所給予的喜悅絕不能和它所攫走的相比。

《舊約．傳道書》的作者寫道：

因此，我讚歎那些已逝去的死者遠勝於那些苟活的生者。

的確，比這兩者更幸運的，乃是那些尚未出生、尚未見到光天化日下邪惡橫行的人。

這三位厭世者在嘗遍人生的快樂之後，全都給出這些灰色的結論。克魯奇先生生活在紐約的最高知識階層；拜倫泅泳過達達尼爾海峽（ardanelles Strait），有過無數的風流韻事；而《舊約．傳道書》的作者為了追求快樂，方式更是花樣繁多：他品嘗美酒，玩音樂及「諸如此類的東西」，他建造水池，雇用男僕女傭，有的僕役更在他家出生長大。即使養尊處優，他仍然保持著智慧。然而，他發現一切皆是虛空，甚至包括智慧在內。

我讓我的心去認識智慧、研究瘋狂和愚昧，我發現這也是一種精神煩惱。

因為越有智慧就越有煩惱：增加知識就增加痛苦。

他的智慧似乎使他煩惱，他曾努力擺脫智慧，但無功而返。

我在心中自語，來吧！我將以歡樂來證實你，於是就去盡情享樂，唉，看吧！這同樣是虛妄。

他的智慧仍舊跟隨著他。

然後我在心中自語，既然愚人會遇見的事，也會發生在我的身上，那我為何還要更有智慧呢？於是我就在心裡說，這也是虛妄的……

所以我厭惡生活，因為對我來說，陽光下所行的事均令我痛苦：因為萬事皆空，一切皆煩腦。

人們不再閱讀久遠以前寫下的著作了，這對今日的文人來說很幸運，因為，如果人們去讀古書，可能會獲得這樣的結論：無論關於建水池還有多少新鮮事可談，他們一定會斷言去寫作新書肯定純屬虛妄。如果我們能證明，對睿智之人開啟的思想並非《舊約・傳道書》這唯一學說而已，我們就不需要為後來表達同樣感受的各種論述，而大傷腦筋了。在這類論述中，我們必須分清楚感受及其所包含的情緒表述。感受無法論辯；感受可能隨著某種幸運的事件或身體狀況的改變而改變，但它卻無法被論證改變。我自己經常有萬事皆空的感覺；我擺脫這種心境並非靠什麼哲學思想，而是靠著某種絕對必然性的行動。如果你的孩子病了，你也許會愁眉苦臉，但你絕不會感到萬事皆空；無論人生有無終極的價值，你都會設法讓孩子恢復健康。一位富翁也許會常常感到萬事皆空，但是當他破產時，他決不會覺得他下一頓飯是虛妄。感到空虛是由於人們輕而易舉即可滿足自然需求所致。和其他動物一樣，人也需要為生活溫飽奮力奮鬥，當人類藉著大宗財富，而不用付出任何、毫不費力地就能滿足自己的一切欲望時，快樂的要素便會因此而消失。如果一個人總是輕易得到他十分嚮往的東西，他便會斷言實現願望並不會帶來快樂。如果他愛好哲學思考，則會斷言人類生活從本質上就是不幸的，因為即便得償所願，人依然不會幸福。但他卻忘記了，保持對一些事物的渴望是幸福必不可少的要素。

有關感受的討論暫且至此。但《舊約．傳道書》中也有知性論述的觀點。

江河都往海裡流，海卻不滿。
日光之下，並無新事。
故人往事，無人銘記。
我恨我在日光下所作的一切勞碌，因為，我得來的必留給後人享用。

如果我們以現代哲學家的語言來表達這些觀點，它們大約是這樣的：人的一生勞碌奔波，世事變動不居，任何東西都不會永存，雖然新事物與舊事物並無差異。人終有一死，他的後裔便會得到他的勞動成果；千條江河匯入大海，卻不能長留大海。在無窮盡且無意義的循環裡，人與物生生死死，一日復一日，一年又一年，既無收穫，也無絲毫的革新。江河若有智慧，必將留在原處。所羅門[25]若有智慧，就不會種果樹讓其兒子坐享果實。

25 《舊約．傳道書》當然不是真為所羅門所撰寫，把他當作作者是從俗之便。

但若換一種心境來看，上述種種想法將出現截然不同的面貌。太陽底下沒有新鮮事嗎？那麼摩天大樓、飛機和政治家的廣播演說又該怎麼說呢？關於這些，所羅門知道嗎？假如他能透過無線電廣播收聽到示巴女王（Queen of Sheba）[26]從她的領地返回時對其臣民所發表的演說，這難道不會使站在那些不值一提的果樹及水池旁的所羅門感到一絲安慰嗎？假如他擁有一個剪報機構，就能讓他知道各家報紙是如何評價他的宮殿有多麼壯麗、他的後宮多麼們舒適，以及那些與他爭鋒相對的敵手如何狼狽、失敗，他還會說太陽底下無新鮮事嗎？雖然這些事物或許不能完全消除他的悲觀主義，卻至少能讓他換一種不同的方式來表達。事實上，在克魯奇先生對我們這個時代的抱怨之一，就是嫌太陽底下新鮮事太多了。既然有無新鮮事都會令人煩惱的話，可見不快樂的真正原因並非在此。現在，再以《舊約・傳道書》所舉的事實為例：「江河都往海裡流，海卻不滿；江河從何處流，仍歸還何處。」若將此話視為悲觀主義的論據，那便是認為旅遊並不令人愉快。因為人們夏天到勝地療養，不久之後又再度返回他們原本來自的地方。這並不能證明夏天到勝地療養就是一趟無意義之旅。同理，假如江河之水能有感覺的話，可能也會喜歡這種充滿歷險色彩的循環，恰如詩人雪萊（Percy

26 示巴女王又譯席巴女王，在希伯來聖經記載中，是一位統治非洲東部示巴王國的女王，與所羅門王生活在相同年代。

Bysshe Shelley）在《雲彩》（The Cloud）一詩所描述的一般。說到把財物成就留給身後子嗣的痛苦，也許可以從兩個角度來看：從後代子嗣的角度出發，這顯然不是一件壞事。世間萬物都會消失的事實，也不能直接構成悲觀主義的根據。假如在事物的循環中，繼之而來的出現是更糟的事物，那悲觀就有其道理，但若隨之而來的是更好的事，豈不成了樂觀的理由？如果真如所羅門所說，它們若被完全一樣的事物接替，我們又該怎麼想？難道這就會使得整個過程變得毫無意義嗎？肯定不會，除非這一個循環的各個階段都是痛苦的。只關注未來，認為當下此刻的全部意義取決於事情所產生的結果，這種思考習慣是一種惡習。沒有局部性的價值，也就沒有所謂的整體性價值。不能把人生想像成一齣通俗劇，在通俗劇中男女主角往往要經歷難以置信的磨難之後，才會以幸福的結局作為補償，但人生並非如此。我活著並有我自己的日子，我兒子繼承了我，兒子有他自己的日子，然後他的兒子又接著繼承他。這怎麼就是悲劇呢？相反地，假如我長生不死，那麼人生的樂趣遲早會失去吸引力。唯有代代相繼，人生的喜悅才能歷久彌新。

我於生命之火旁取暖，
火熄了，我也準備好離去。

這種態度，其實與面對死亡的憤怒態度同樣合理。因此，假如感受可由特定理由來決定，那麼讓人快樂的理由和讓人絕望的理由同樣存在著。

《舊約・傳道書》是悲哀的；克魯奇先生的《現代人的心情》是帶著憂鬱色彩的。克魯奇先生的憂鬱，歸根究底是由於中世紀以及近代某些原本認同的事物準則都崩潰了的緣故。「這是一個不幸福的時代，」他說：「四處遊蕩著來自冥界的鬼魂，它面臨的困境就像是那些童年活在神話世界裡，一旦離開神話世界，就不知如何自處的青少年。」這段話完全適用於某部分的知識分子，他們接受過文學教育卻對當代世界一無所知，整個成長過程都被教導信仰要奠基於情感之上，因而一直無法擺脫童年時期尋求安全與保護的渴望——這是科學世界所無法滿足的願望。和大多數文人一樣，克魯奇先生始終抱持這樣一種觀點，認為科學不曾履行它的諾言。當然，他沒有告訴我們那個諾言是什麼，但他似乎認定六十年前諸如達爾文、赫胥黎等學者對科學所預期的事情至今仍未實現。我認為這完全是一種錯覺，是那些作家和神職人員促成的錯覺，他們生怕自己的專業被人認為毫無價值。是的，當前這個世界存在著很多悲觀論的人。當許多人收入減少時，悲觀論的人就會增加。克魯奇先生是個美國人，整體而言，美國人的收入在第二次世界大戰之後是有所增加的，這似乎與上面的說法衝突，但由於戰爭使所有人都產生一種不安定感，對歐洲大陸而言知識階層的生活都痛苦不堪。這種社會原因大大影響了時代的氛圍，這遠比對世界本質進行理論思考所引起的衝擊更為巨大。沒有幾個時代能比十三世紀更令人絕望的了，儘管除了皇帝和少數義大利貴族之外，令克魯奇先生非常痛惜的信仰依然被大多數人堅守著。羅傑・培根（Roger Bacon）因此說：「我們這個時代的罪惡超過了以往任何時代，而罪惡與智慧兩者是水火不相容的。讓我們來看看整個世界的現狀，用心思考我們會發現全面徹底的墮落和腐敗，而且君主尤甚……荒淫無度使整個宮廷蒙羞，貪得無厭、利令智昏……君主尚且如此，那麼他的臣民又會怎樣？看看高級教士的行徑即可得知：他們利慾熏心，以致無視對心靈的救贖……再看那些宗教團體：從個體到全體，無一例外的墮落了！他們一個個離經叛道已達何種境地；就連新的托缽修士也已遠離最初的尊嚴，墮落到無以復加的地步。全體神職人員都變得傲慢、放蕩和貪婪：這些人無論聚集在何處，巴黎也好、牛津也罷，都以爭鬥、咒罵和其他惡行震驚所有信徒……只要能夠滿足自己的欲望，沒有誰在乎自己的行為，又是多麼不擇手段。」而對於古代的異教聖賢，培根指出：「他們的生命洋溢著歡喜、富足與榮耀，無論是合乎禮儀的舉止或是對俗世的蔑視，他們在任何標準下都遠比我們高貴，如同我們在亞里斯多德、塞內加（Lucius

Annaeus Seneca）、圖里（Tully, Marcus Tullius Cicero）、阿維森納（Avicenna，亦稱伊本•西納（Ibn Sina））、阿爾法拉比烏斯（Alpharabius）、柏拉圖、蘇格拉底與其他人的著作中所讀到的，他們掌握了智慧的奧祕進而發掘了一切知識。」[27] 羅傑•培根的見解代表了他所屬的那個時代的所有文人的見解，他們沒有一個人喜歡他們所處的時代。我從不認為這種悲觀論有什麼形而上學的原因；他的真正原因就是戰爭、貧困和暴力。

克魯奇先生在他的著作裡最感傷的章節是討論愛情問題。維多利亞時代的人似乎把愛情看得很崇高，然而，擁有現代世故態度的我們，似乎已經看透它了。「對於維多利亞時代的懷疑論者來說，愛情展現出某些他們已然失去的上帝功能。他們不信上帝，但面對愛情時，就算是再冷酷的人也會變得困惑。他們發現自己被某種感受喚醒了一股獨一無二的崇敬感，而這是任何其他東西都無能為力的，他們發自內心認為要對愛情奉上絕對的忠貞。對他們來說，愛情如同上帝一般，要全心全意的犧牲；同時愛情應該要像上帝一般，給予祂的信徒獎賞，那獎賞就是賦予生活中的一切現象以一種尚未得到解析的意義而來。相較於他們，我們已逐漸習慣於一個無神的世界，但對

27 引自庫爾頓所者《從聖法蘭西斯到但丁》，第57頁。

於一個無愛的世界仍然不習慣，而只有當我們逐漸習慣如此之後，我們才會理解無神論的真正意義。」奇怪的是，這個維多利亞時代在當代青年人眼中和那些過來人的眼中，竟然有如此大的差異。我還記得，我年輕時所熟識的兩位老夫人，他們在某些方面都具有維多利亞時代的典型特徵。一位是清教徒，另一位是伏爾泰的追隨者。前者總是抱怨描寫愛情的詩歌太多，她認為愛情是一個毫無趣味的題材。後者的觀點則是「沒有人能對我有任何非議，我一貫認為違反第七誡（不可姦淫）不如違反第六誡（不可謀殺）罪過大，因為不管情況如何，違反第七誡至少都需要求得對方的同意」。[28] 這兩個觀點都與克魯奇先生所描寫的典型的維多利亞時代所提出的看法不盡相同。他的思想顯然源於某些與其環境格格不入的作家。我想，最好的例子就屬羅伯特・白朗寧（Robert Browning）了。我不得不承認，他所想像的愛情有些迂腐乏味。

感謝上帝，祂最平庸的造物，
也以具有兩面靈魂而自豪，一面展示給世界，
一面展示給他所愛戀的女人！

28 基督教共有十誡，第六誡為「不可謀殺」，第七誡為「不可姦淫」。

這無異於說鬥爭是對待整個世界唯一可能的態度。為什麼？因為世界是殘酷的——白朗寧也許會這麼說。而我們則會說，因為世界不會按照你對自己的評價來接納你。夫妻之間有可能像白朗寧夫婦那樣形成相互讚賞彼此的夥伴關係。如果你身邊有一個總會讚美你的人——不管它是否值得，那肯定會令你感到十分愉快。當白朗寧火冒三丈地痛斥菲茨杰拉德（**Edward Fitzgerald**）膽敢不欣賞《奧蘿拉・李》（**Aurora Leigh**）[29]時，他無疑會覺得自己是一個有男子氣慨的好丈夫。對於這種夫婦之間完全放棄相互批評的做法，我實在不敢恭維。這與恐懼感有關，也是為了想逃避公正而持平的批評。許多年邁的單身漢守在自己的火爐旁指望得到同樣的滿足。我本身生活在維多利亞時代的時間太長了，以致無法成為克魯奇先生標準上的現代人。我從未喪失對愛情的信仰，但我所信仰的愛情並不是維多利亞時代的人所崇尚的那種；我所信仰的愛情是大膽的、清醒的，它在讓人體驗美善的同時，也不會讓人忘記邪惡，也不會假裝神聖或故作純潔。過去曾受人崇尚讚賞的愛情特質，總被冠之以「神聖」或「純潔」的字眼，這實在是性禁忌的結果。維多利亞時代的人深信性行為大都是邪惡的，於是

---

29 白朗寧夫人的主要詩作。

不得不在他們所讚許的那種性行為上面妝點許多誇大的修飾詞。比起現在，當那時的性飢餓程度要比現在強烈，這無疑促使人們去誇大性行為的重要性，就像這與禁慾主義者的一貫做法十分相似。我們目前正處於一個混亂的時期，許多人推翻了舊標準，但還沒有找到新的規範，也沒有獲得新的標準。這使得他們陷入各種各樣的煩惱，並且由於他們在下意識裡依然相信著舊標準，因此當這些煩惱一來時，便會產生絕望、懊悔和憤世忌俗等感受。我不認為這種人為數眾多，但他們卻屬於我們這時代最會叫嚷的群體者之列。我相信，如果以當代年輕人和維多利亞時代的富裕青年相比較，我們將會發現，就愛情而言，現代的年輕人要比六十年前的人所得到的快樂多很多，對愛情價值的信仰也遠真切於六十年前。某些人之所以變得憤世嫉俗的原因，就是因為他們在下意識始終受制於舊觀念，而且缺少能夠約束自己行為的合理道德。解決的方法並不在於唉聲嘆氣和留戀過去，而是勇敢地接受現代觀念，並且下定決心把所有陰暗角落裡，為人所摒棄的迷信思想連根拔掉。

人們何以重視愛情這個問題，要在很短的篇幅裡講明是不容易的。儘管如此，我仍想試著說說。愛情之所以被看重，首先，是因為把愛情視為是快樂之源——這雖非愛情的最大價值，但卻是其他一切價值的本質不可少的。

愛情啊！他們深深地誤解了你，
硬說你的甜蜜卻是苦澀悲劇，
殊不知你那豐碩的果實，
竟是如此甘美得無與倫比。

佚名詩人的這幾行詩，既不是在為無神論尋找答案，也不是在揭示宇宙的奧祕，他不過是在自我陶醉罷了。愛情不僅是快樂之源，沒有愛情也將會是痛苦的泉源。其次，愛情之所以備受重視，是它能增加各種美妙的享受，如聆賞音樂，或凝望群山中的日出和月光下的大海。一個從未和他所愛的女人共享美妙事物的男人，斷然無法充分領略那些美妙事物所帶來的魔力。另外，愛情能打破自我的堅硬外殼，因為，愛情是一種生物本能的合作，必須雙方的情感交流才能滿足雙方本能的需求目標。在不同的時代，有過各種形式的獨善其身主義的哲學思想，有的高尚，有的卻不盡然，斯多葛派哲學家和早期的基督徒相信，人可以單憑自己的意志，就能實現人類生活所能達到的至善境界；有些派別把權力視為人生的目的，還有些學派則純粹把個人享樂作為生活的目的。所有這些哲學之所以被稱為有獨善其身的傾向，是因為它們認定單獨個體能夠透過自己理解或實現至善的境界，而不一定需要群體才能實現。我認為，所有這類觀點都是錯誤的，不僅錯在倫理方面，而且錯在我們本能中對於善的部份的表達上。人類的生存有賴於合作，天生擁有一種本能構造——固然不夠完美——所以能夠產生相互合作所需要的友善態度。愛情是最原始、最常見的一種能夠導向合作的感情形式，凡對愛情有過強烈感受的人，是不會認同於那種假定自身的至善境界與所愛之人毫不相干的。在這方面，父母之情也許更為強烈，然而父母之情的最佳表現乃是父母彼此相愛的愛的結晶。我不想妄稱最高形式的愛情具有普遍性，但我敢斷言最高形式的愛情能夠產生別的東西無法產生的價值，並且它本身就具有一種不受懷疑主義影響的價值，雖然那些不能獲得愛情的懷疑主義者，也許會硬把自己與愛情無緣的責任歸咎於懷疑主義。

真正的愛情是不熄的火焰，
永遠在人們的心中燃燒，
從不衰弱，從不死滅，從不冷卻，
從不偏離方向。

接下來我要談談克魯奇先生有關於悲劇的看法。他認為易卜生（Henrik Johan Ibsen）的《幽靈》（Ghosts）一劇，在表現比不上莎士比亞的《李爾王》（King Lear），我也贊成他的這個觀點。「再強烈的戲劇張力、再卓越的台詞編寫技巧，也無法將易卜生變成莎士比亞。莎士比亞創造其作品的素材——來自於他對於人之尊嚴的觀念、對於人之感情的重視、對於人生豐富程度的洞察——這是易卜生所沒有也不可能擁有的，也是易卜生的時代所沒有也不可能擁有的。上帝、人類和自然，從莎士比亞到易卜生之間的幾個世紀裡全都衰退了，不是現代藝術的現實主義促使我們創作了平庸的人物，而是因為這一個衰落過程使我們注意到人生的平庸，從而造成現實主義藝術理論的發展，而我們對世界的觀察也只有靠這種理論才能證實。」毫無疑問，那種描寫王子和王子悲哀的舊式悲劇已不再適合我們這個時代了，若我們仍用同樣的手法去描寫一個小人物時，其效果也勢必不同。然而，這個原因並不是我們的人生觀有何倒退，恰恰相反，是我們不再把某些個人視為有權擁有悲劇性情感的世間大人物，不再承認唯有他們才配具有悲劇的情感，而其餘的人只配含辛茹苦地為些這少數人製造光環。莎士比亞寫道：

乞丐死時不會有慧星劃過，
上蒼只為王子的凋殞閃耀。

在莎士比亞的時代，這種感受即使不是人皆有之，至少也反映了一種普遍性的觀念，並且為莎士比亞本人所篤信不移。因此，詩人辛納（Helvius Cinna）之死是喜劇的，而凱撒、布魯圖斯（Marcus Junius Brutus）和卡西烏斯（Gaius Cassius Longinus）等角色的死亡則是悲劇。個人之死對於我們不再具有巨大意義，因為我們不僅在外表上，而且在內心深處的信念早已成了民主主義者。因此，今日高層次的悲劇所應涉及的是社會群體，而不是個人小我。我將以恩斯特・托勒爾（Ernst Toller）的劇作《群眾與人》（Masse Mensch）為例，來加以說明。我並不是說該作品堪稱歷史黃金時期的最優作品，但我認為它確實能與最優的作品媲美；它崇高，意旨深刻，切合真實，並且關注英雄般的行為，就像是亞里斯多德所說的那樣「用憐憫和恐怖淨化了讀者」。這一類現代悲劇的例子還很少，因為舊的方法和傳統必須放棄，而又不能代之以老生常談。要寫悲劇，就必須對悲劇有所感受。要對悲劇有感，就必須對所們所生活的世界有所感，不僅要用自己的頭腦，而且要用自己的血肉去感同身受。克魯奇先生在他的整本書中不時談及絕望，他這種勇於接受一個淒慘世界的精神，著實令人感動，但這世界之所以淒慘，卻是由於他和大多數文人尚未學會如何在新的刺激下感受舊有的情感。各種刺激確實存在，但並不在文學圈子裡，文學圈的人對於社會群體的生活缺乏充滿活力的接觸，如果人們想要提升感受中的嚴肅性與深度——那種能激發悲劇感和真正快樂的感受——那麼，這種接觸交流是不可少的。我想對那些富有才華卻不知何去何從的青年說：「放棄寫作的企圖吧！甚至盡量一個字都不寫。走向大千世界吧！就算去做海盜、去做婆羅洲的國王、去蘇俄的工人；去找這樣的生活方式，讓你的全部精力都耗費在此。」我並不是建議每個人都應該如此，而只是推薦給那些患上克魯奇先生所診斷的那些疾病之人。我相信，過上幾年這樣的生活之後，那些昔日的知識分子就會發現自己再也按捺不住寫作的衝動，這時他的作品一定不會讓他覺得毫無意義了。

〈第三章〉

競爭

如果你隨便問一個美國人或英國商人，在他的生活之中最妨礙他享受人生的是什麼？他一定會說：「為生活拚搏。」他說這話是很認真的，他確實這樣認為。在某一方面的意義上，這話是事實，但在另一層更重要的意義上，情況未必如此。當然，為生存拚搏確實存在。運氣不好的話，我們當中誰都可能遇到。例如，這種鬥爭就發生在小說家康拉德（Joseph Conrad）筆下的主人翁福爾克身上。在一條棄船上的水手中，福爾克是持有槍枝的兩人之一，他們除了吃掉那些赤手空拳者之外，已無別的東西可以充飢了。當這兩人把能夠平分的人肉吃完之後，一場真正的生存鬥爭就開始了。福爾克取得了勝利，但從此之後他只茹素。商人所說的「為生存拚搏」，與此相較，不過是他們小題大作用錯的字眼，目的只是為了讓某些根本不值一提的瑣碎事獲得尊嚴。可以試問商人，在他所屬的那個階層中，有幾個人是餓死的？也可以問他，他們的朋友破產之後都發生了什麼情境？眾所周知，瘦死的駱駝比馬大，一個破產的商人要比一個從未富裕到有機會破產的人而言，在生活上是優越得多。因此，大家所說的生存拚搏，實際上是追求成功的競爭。人們在進行這種競爭時，所害怕的並非第二天沒有早飯吃，而是不能贏過自己的對手。

令人費解的是，似乎很少有人意識到，他們並非被某種無法從中逃脫的機械裝置所控制著，他們之所以一直待在這台踏車上，只是因為他們從未意識到，不停地奔跑並不能使他們向前進一步。當然，我所指的是那些處於較高階層的大商人，他們已經收入豐厚，如果願意的話，大可靠積蓄維持生活。然而，在他們看來，靠收入生活是可恥的，就好像臨陣脫逃似的，但是當你問，他們的工作對社會大眾有何助益時，他們必定無言以對，只好用那些陳詞濫調來作為緊張生活的註解。

我們想像一下這種人的生活。我們假定他有一棟漂亮的房子，有一位美麗的妻子和幾個可愛的孩子。清晨，當家人還在夢鄉時，他就從床上爬起來，急匆匆地出門上班。在公司，他的職責是展現主管的風範；他繃緊下巴，說話堅定果斷，展現精明又持重的形象，讓所有人留下深刻的印象，除了助理除外。他口述信件內容，與各種重要人士進行電話交談，研判市場行情，隨後與生意夥伴或潛在客戶共進午餐。午後，則繼續重複著如同早上的工作內容。他疲憊不堪地回到家裡，時間剛好夠梳洗更衣以赴晚宴。在餐桌上，他和同樣疲憊的男人們不得不假裝享受著女士們的陪伴——這些女人倒是還沒有機會讓自己疲憊。天曉得這個可憐的男人還要經過幾個小時才能逃脫、離席。最後，他終於能上床入睡了，繃緊的神經總算可以放鬆若干鐘頭了。

這名男子在工作生活中，表現的心理狀態猶如在進行百米賽跑，不過，這場競賽的唯一終點是墳墓，而百米賽跑所需要的全神貫注，也會一直維持到最後一刻。但是他對於自己的兒女了解多少呢？平時他在辦公室工作；到了星期日，他在高爾夫球場應酬。對於自己的妻子，他又了解多少呢？他早上起床上班時，她還在熟睡。整個晚上他和她都忙於交際，無法進行親密的交談。他大概也沒有什麼重要的朋友，雖然他對不少人都顯得非常友好，也希望來日能感受到對方的友情。關於春季的播種和秋天的收獲，他只知道它們會影響市場；他也許去過歐洲，但眼神卻透露著厭倦。對他來說，書本之於他是無用之字，音樂又故作高雅。年復一年，他變得越來越孤獨，眼界也越來越侷限，在他的事業以外的生活他都覺得枯燥乏味。我見過像這樣的男人，年過半百的中年人，帶著妻子、女兒在歐洲旅遊。顯然是她們說服這個可憐的傢伙，告訴他該休假了，同時也該給女兒們一個遊覽「舊世界」（Old World）[30]的機會了。母女欣喜若狂的圍繞著他，要他關注沿途中每一件令她們嘖嘖稱奇的新奇事物。然而這位顯得極度疲憊又煩悶的一家之主，卻在擔心著辦公室裡的同事都在做什麼或者棒球場上是什麼情況。女士們覺得他無藥可救了，於是斷言男性都是庸俗的。她們從未想過，也許正是她們貪得無厭，才讓他成了犧牲品；的確，情況也並非完全如此，就像歐洲人在聽聞印度寡婦會殉夫自焚的行為時，心中所興起的想法也不一定是事實一樣。或許，十個寡婦中有九個都是自願殉夫，她們願意為了榮譽和宗教律令而自焚。而這位商人的信念和榮譽要求他賺更多的錢；因此，他也和印度的寡婦的心態一樣，心甘情願受折磨。這位美國商人若要過得快樂一些，那麼，他的當務之急就是改變他的信念。只要他仍渴望成功，並真心相信追求成功是男人的責任，凡背道而馳者都是可憐蟲，那麼他的人生終將因為過於緊張、過於煩悶，而永遠快樂不了。就拿投資這樣簡單的事情為例，許多美國人寧可冒險投資獲利百分之八的項目，也不願在安全投資中獲取百分之四的利潤，結果就是不斷損失大筆金錢，以及夜以繼日的擔憂和煩惱。至於我，我希望從金錢中得到的是沒有後顧之憂的安逸時光。但典型的現代人所希望的卻是以

30 舊世界（英語：Old World，中文也稱舊大陸）是指在克里斯多福・哥倫布發現新大陸之前，歐洲所認識的世界，包括歐洲、亞洲和非洲（全體被稱為亞歐非大陸或世界島）。這個詞語是用來與新大陸（包括北美洲、南美洲和大洋洲）相對應。

金錢來賺取更多的金錢，用以炫耀自己的名聲，藉此勝過目前與他相比肩的人。美國的社會等級沒有固定化，總是在變化流動之中。因此，人群中各種勢利的情況，相較於其他社會階級固定不變的地方，顯得更活躍，雖然金錢本身也許並不足以令人不可一世，但是沒有錢很難自命不凡。此外，賺錢多少已經是普遍性衡量能力的標準。能賺大錢的人是聰明的，錢賺得少的人就是不夠聰明。沒有人願意被視為蠢貨。因此，當市場不景氣時，人們便會覺得自己像是在應考的年輕人一般，心情七上八下。

商人的顧慮之中，常擔心破產的隱憂，這種恐懼雖不合理，但卻真切。我認為這一點無庸置疑。作家阿諾德・貝內特（Enoch Arnold Bennett）筆下的克萊漢格，雖然十分富有，但他卻不斷擔心自己會死在救濟院裡。我深信那些在兒時曾飽嘗貧窮之苦的人，心中始終恐懼自己的孩子會遭受同樣的苦難，擔憂無法累積足夠的家產去抵禦這種災禍。如此的恐懼，對家族第一代來說，恐怕是不可避免的，但從未嘗過赤貧滋味的人而言，根本不受影響。總之，對貧窮的恐懼這個問題，對一般人而言只是一個例外情況而已。

歸根結底，這種煩惱的根源是因為太重視競爭性的成功，並且將它視為獲得快樂的主要來源。我不否認，成功的感覺使人更容易領受生活的樂趣。例如，年輕時始終默默無聞的畫家，一旦才華得到認可，其快樂感必然大增。我也不否認，金錢在一定限度內能增加很多快樂；但一旦超過一定限度之後，情況就不一樣了。我深信，成功只是快樂人生的一個因素，如果為了得到這一部分而不惜犧牲其他部分，那代價就太大了。

商業圈之中最為盛行的生活哲學就是這種煩惱的根源。的確，在歐洲還存在著其他享有威望的圈子。在某些國家，貴族階層尚存；在所有國家都有專業學者的職業階層；除了少數小國家外，很多國家的陸海軍也都備受尊重。誠然，任何一種職業的成功，其中都含有競爭的成分，但與此同時，該受各界尊敬的卻不僅是成功，而是成功所賴以實現的卓越。一個科學家也許擅長賺錢，也許不然，但他腰纏萬貫絕不會令他更受尊敬。一個傑出將領的貧窮不會令人感到驚訝；有時，這種情形的貧窮，在某種意義上來說反而是一種光榮。因此，在歐洲，純粹的金錢競爭僅限於某些特定階層，並且這些階層未必是最有影響力或最受尊敬的。可是在美國，情況就不一樣了。公職人員在國民生活中的作用太小了，毫無影響力可言。至於專業學者，由於外人很難判斷一個醫生是否真正懂得很多醫學知識，或者一個律師是否真的通曉很多法條，因此，從他們的生活水準去推論收入高低，來判斷他們的本事，自然是比較容易的做法。至於教授學者們，他們不過是商人雇用的工作人員，因此遠不如在古老的國度（Older countries）裡受人尊敬。這一切所造成的結果是，在美國，專業人士都仿效商人，而且無法像在歐洲那樣保持一種獨立不可一世的姿態。如此一來，在整個富裕階層裡，沒有任何東西能減緩人們追求財富時，那種赤裸裸又純粹的金錢之爭。

美國的兒童從小就感覺到財富的成功是唯一重要的事，因此決不願意為任何沒有經濟價值的教育勞神。教育過去一直被視為是用來培養享受能力的——我所指的享受，乃是那種從未受過教育的人所無法領略的較為微妙的享受。在十八世紀，能夠鑑賞文學、繪畫和音樂，算是「紳士」的特徵之一。今天我們可能並不欣賞他們的品味，但這種品味至少是真實的。當代的富人卻大異其趣，經常出現一種截然不同的型態。他們現在完全不讀書。假使他想提高聲譽而開設畫廊，他會把選畫之事完全託付給專家；他從畫中得到的歡樂並非觀賞之樂，而是想到其他富人不能獲得相同畫作時的喜悅。至於音樂，如果他們碰巧是猶太人，也許還會真正的欣賞；否則，他就會像對其他藝術一樣一無所知。以上種種，導致他不知如何支配他的閒暇。隨著他越來越富，賺錢也變得越來越容易，到最後，一天花五分鐘賺到的錢就已經多到不知該怎麼花了。於是，這個可憐人因為成功而變得無所適從。只要把成功作為人生的目標，便無可避免的會發生這樣的結果。除非一個人被事先教導在獲得成功之後，該如何應對成功，否則成功之後一定會令他飽受煩悶的折磨。

心理上的競爭習慣很容易入侵新的領域。以閱讀為例。讀書有兩種動機：一是你樂在其中；另一種則是能藉以炫耀自己。在美國，貴婦淑女們每月讀書（或者，表現出喜歡讀書）已蔚然成風；她們有的讀完整本，有的只讀第一章，還有的只讀書評，但大家的案頭都擺著這些書。然而，她們並不閱讀任何古老的經典鉅作。讀書俱樂部的本月選書從未挑選過《哈姆雷特》或《李爾王》；也從沒有哪個月是需要去了解有關但丁的種種。結果，她們讀得全是資質平平的現代作品，鮮少有名著。這也是競爭的某種效應，不過這也許並非全無是處，因為，就大多數女士來說，如果讓她們自己選書閱讀，就不只是不選名著了，他們讀的書可能比她們的文學指導者所選的書更糟。

現代生活中對於競爭的強調，與文化水準的普遍低下有關，就像奧古斯都統治下的拉丁文學全盛時期之後的羅馬帝國中的情形一樣。現在的男人和女人似乎都不能感受到那種更需要智力的樂趣。例如，在十八世紀的法國沙龍中那種近乎完美的對話藝術，直到四十年前還是活生生的傳統。它是非常精緻優美的一門藝術，為了某些轉瞬即失的話題凝聚力。而如今誰還會在意這等閒事呢？在中國，這種藝術十年前還很時興，但我猜想，民族主義者如傳教士般的熱情早已把它掃除一空。在五十年或一百年前，良好的文學素養在文化人之間是極為普遍的，而現在僅限於少數教授了。各種較為典雅恬靜的娛樂都被放棄了。今年春天，曾有幾個美國學生陪我在校園附近的樹林裡散步，那裡長滿各種俏麗嬌艷的野花，但我這些年輕導遊們，竟沒有一個人可以說出任何一種植物的名字。是啊，這種知識有什麼用呢？它又不能增加收入。

這種問題並不只是個人的責任，所以沒有任何人能憑一己之力去阻止它。這個問題源於大眾普遍接受這種人生哲學，認為人生就是一場比賽、一種競爭，只有勝利者才能獲得他人的尊敬。這種觀念使得人們不惜犧牲感性和知性為代價，過度培養個人的意志力。也許我們這麼說是本末倒置了。清教徒似的道德家總是強調著當前時代下意志力的重要，儘管他們最初想凸顯的價值是信仰。也許清教徒時代曾造就出一種人，他們的意志力發展過度，而感性和知性卻先天不足，所以這種人就採取了最適其本性的競爭哲學。無論情形究竟如何，這些熱愛權勢勝過喜愛智慧的現代恐龍與他們的史前原型毫無二致，但他們的驚人成功造成了世人普遍仿效他們的作為：他們已成為各地白人的榜樣，這情形在未來的一百年只怕會愈來愈誇張。不過，只要想到史前的恐龍最後並未勝利，那些不願效法此道的人或許能獲得安慰；牠們互相殘殺，結果是聽明的旁觀者繼承了牠們的王國。現代的恐龍們也在自我毀滅中。平心而論，他們之中每對夫妻所生的子女不到兩個；他們對於人生的興趣並不足以使他們渴望生男育女。從這一點看來，他們從清教徒先人那裡傳承下來過分狂熱的哲學，顯然並不適合這個世界。那些因人生觀以致厭煩到不願生兒育女的人，在生物學上已被判處死刑了。不用多久時間，他們一定會被更幸福快樂的人所取代。

這種將競爭視為人生主旨的想法是很可怕、很偏執的，它會使肌肉過於緊張，意志過於專注，以至於無法為後代建立可能的人生基礎，最多只能延續一兩代。經歷了這種生活之後，必定會造成精神疲勞、尋求各種方式逃避，連休閒消遣也會像工作一樣緊張（因為放鬆已經不可能了），最後實施消亡於不能繁衍。受競爭哲學毒害的，不只是工作；閒暇所受的毒害也不遜色。那種能夠恢復疲勞的恬靜生活已變得令人感覺厭煩無趣。這一切不斷的惡性循環，其結局自然是停滯與崩潰。治療這種病的處方是，在平衡生活的理念下，接受理智而恬靜的享受生活的樂趣。

〈第四章〉

厭煩與興奮

在我看來，論及人類行為時，無聊、厭煩這個要素，並未受到應有的關注。我相信，在歷史上的各個時期，它一直是人類行為最重要的推動力之一，在今日尤其如此。無聊似乎是人類獨有的情緒。籠子裡的動物確實會無精打采，踱來踱去，呵欠連天，但我相信，在自然狀態下，牠們不會有類似無聊的反應。在大部分時間裡，牠們都在警戒敵人或搜尋食物，或者兩者；牠們有時交配，有時則設法取暖。即便是牠們不快樂時，我也不認為牠們會感到無聊。類人猿在這方面也許與我們相似，可我從未和牠們一起生活過，所以也就無從驗證。無聊的本質之一，是現實環境與想像中的更愜意的環境之間反差。無聊的另一個要素則是人的才能無法充分發揮。我想，從要你性命的敵人那裡逃跑雖然是不愉快的，但肯定不會讓你覺得無聊。某個面臨著死刑處決的人，一定不會感到無聊，除非他有超平於人的勇氣。同樣的道理，誰也不會在上議院初次演說時打呵欠——除非是已故的德文希爾公爵，而他卻也因此獲得了同僚們的敬重。在本質上，無聊是對某種事件渴望遭受挫折後的反應，這裡所說的事件不一定非得是什麼好事，只要它能使無聊的人感受到這一天與另一天不同就行了。而與無聊相對的並非是不快樂，而是興奮。

人類從心底裡渴望興奮，尤其是男性。我想處於狩獵時期的人類，要比其他時期，對興奮的渴求更容易滿足。狩獵令人興奮，戰爭令人興奮，求偶也令人興奮。一個野蠻人會想方設法與女人私通，即使她的丈夫就睡臥在旁，儘管他知道那名丈夫一旦醒來，他就死路一條，照樣勇往直前。我猜想，這種情境恐怕不會讓人感到無聊。但是隨著農業時代的到來，生活開始變得單調乏味，當然，貴族除外，他們仍停留在狩獵階段中。我們聽說過很多關於機器管理如何乏味的說法，但我認為舊式耕作法的無趣程度應該有過之而無不及。實際上，我與大多數慈善家的主張相反，我認為，機械時代的到來大大減少了世人的無趣。就薪資勞工而論，上班時間並不孤獨，夜晚又可以在各種娛樂中度過，這在傳統鄉村是不可能作得到的。再看看中低產階級的生活變化。昔日，吃完晚飯，當妻子和女兒把一切都收拾妥當之後，大家便圍坐在一起，共同度過所謂的「快樂的家庭時光」：也就是一家之主酣然入睡，妻子忙於編織，女兒們則在想，這樣的日子不如死得好，或者身處廷巴克圖[31]。她們不被允許閱讀，也不准離開房間。因為從理論上來說，那個家庭時光是父親和她們談話的時間，理應是大家共樂的時光。幸運的話，她們終會出嫁為人妻，並且可能把自己所承受過的鬱悶青春，也加諸到他們的子女身上。倘若運氣不好，她們會成為老處女，最後變成枯槁的淑女——這種命運，如同野蠻人強加於犧牲品身上的命運一樣可悲。回想一百年前的社會，我們必會在精神上感受到無聊煩悶的沉重壓力，並且越往前追溯，就越感到無聊煩悶。我們不妨想像一下，一個中古世紀村落裡乏味的冬天，人們既不會讀也不會寫，天黑以後只有蠟燭帶來一線光明，爐灶裡冒出的濃煙滿布在那唯一不至於冷得筋骨瑟縮的房間。村裡的路幾乎無法通行，所以村民難得看見其他村裡的人。「獵殺女巫」（Witch-hunt）的遊戲成為消磨冬夜的唯一方法，促成這種遊戲的因素固然很多，但無聊煩悶必定是其中之一。

我們的煩悶乏味比起我們的祖先少了很多，但卻比他們更害怕無聊。我們開始發

31 廷巴克圖（Timbuktu），是西非馬利共和國的一個城市，位於撒哈拉沙漠南緣，尼日河北岸，歷史上曾是伊斯蘭文化中心之一，現在的居民主要為桑海族、此外還有圖阿雷格族和阿拉伯人。歐美人士常將廷布克圖（Timbuktu）想像為神祕之地。在英語詞典中，「廷布克圖」一詞至少從 1863 年起即已成為「遙不可及之地」的隱喻。

現，或寧願相信，無聊煩悶並不是人類天生命運的一部分，只要熱烈地追求刺激就能避免。現代女性大都自食其力，這使她們能在晚上去尋求刺激的事物，以逃避祖母輩不得不忍受的「快樂的家庭時光」。在美國，有條件住在城裡的人都住在城裡；不能住在城裡的人都擁有汽車，或至少有一輛摩托車，方便他們前往電影院。當然，他們家裡都有收音機。年輕男女若要相互見面，困難度要比過去低多了，簡・奧斯汀筆下的女主角在整部小說裡所渴望的刺激，現今的每個女僕每週至少可以經歷一次。隨著社會地位的不斷攀升，我們對於刺激的追求也變得越發強烈。那些有餘力追求刺激的人，會不斷的換場，跳舞尋歡、飲酒作樂，樂此不疲，然而由於某種原因，他們總是希望在一個新地方得到更多的樂趣。那些不得不掙錢餬口的人，必然會在上班時間裡有某種厭煩感，但是那些富到無需工作的人，也把全然擺脫無聊的生活視作理想。這是一個崇高的理想，我絕不會妄加非議，但只怕像其他理想一樣，理想總是遠比那些理想主義者所想像的更難實現。總之，昨夜越開心有趣，今晨就越顯得無聊。況且將來還有中年，或許還有老年。但二十的人們會認為，人生到三十歲便會畫下句點。然而已經五十八歲的我，已經不再持有這種觀念了。或許，像花錢那樣浪費生命，是不明智的。但或許，某些無聊之味也是人生不可少的一部分。避免無聊確實是自然本性；確實，任何人只要有機會都會表現出這種願望。當土著初次從白人手裡嘗到烈酒的滋味時，他們終於發現能逃避由來已久的乏味生活了，除非政府干涉，他們會狂飲爛醉到不省人事。戰爭、大屠殺和迫害都已成了逃避無聊的方法；甚至與鄰居吵架也比無所事事來得好過些。無聊厭煩對道德家而言是一個重大問題，因為人類的罪惡至少有一半是起源於對厭煩的恐懼。

然而，我們也不應把無聊看得一無是處。無聊厭煩有兩種，一種是有建設性的（Fructifying），一種則是毫無價值的。有建設性的無聊起因於人沒有吸毒嗑藥，而毫無價值的無聊則是由於缺少有意義的活動。我不是說麻醉品百害無一益。舉例來說，一個明智的醫生有時開的藥方會使用麻醉劑，而且我認為這種時候會比主張禁用者所想像的要更為常見。但是，絕不可放縱本能，任其對麻醉品上癮。一個習慣於依賴麻醉品的人在被剝奪麻醉品之後產生的各種厭煩感，只有時間可以治療改善。在某些範圍內，用於對付麻醉品的做法，也適用於各種刺激活動。然而，充滿興奮的生活也會令人筋疲力盡的，因為它需要不斷加強刺激來使你亢奮，讓人以為這種亢奮對於快樂是不可缺少的要素。一個習慣於過度刺激的人，就像是一個嗜辣成癖的人，到最後，讓人窒息的辣對於他來說甚至已經淡而無味了。無聊厭煩，有一部分與避免過度興奮有密切相關，因為過度興奮不但損害健康，而且會讓人對各種快樂的滋味變得遲鈍，漸漸的以隔靴搔癢取代真實的滿足，用小聰明代替大智慧，用粗俗的奇舉代替美感。我並不想把反對刺激的觀點推至極端。一定數量的刺激是有益的，但是如同其他所有的事物一樣，關鍵在於程度，刺激太少會導致病態的渴望；刺激太多又會使人筋疲力盡。因此，能夠忍受無聊厭煩，是快樂人生的關鍵要素，也是一個人年輕時就要必修得課題之一。

所有非凡的著作都有乏味的章節，而所有卓越的人生也都有無趣的時候。讓我們假設，有一位美國出版商第一次看到《舊約聖經》（Old Testament）的新手稿，不難想像他會如何評論。例如，他會對有關家族宗譜的章節說：「親愛的先生，這一章不夠生動；您不能指望那一大串人名會引起讀者的興趣，要知道，您對於這些人物的描寫僅寥寥數筆而已。我承認，故事開頭的風格不錯，所以最初給我的印象很好，但是你太急於把整個故事全盤托出了。取其精華，棄其糟粕，等你把故事縮減到合理的篇幅時，再拿給我吧！」這位出版商之所以會這麼說，是因為他知道讀者害怕沉悶。對於孔子的經典著作《論語》、伊斯蘭教的《古蘭經》、馬克思的《資本論》，以及其他暢銷已久的經典著作，他也會說出同樣的評語。而這種情況並非偉大的經典會有，所有好小說也都有枯燥的章節。一本從頭至尾都字字珠璣、光芒四射的小說，肯定成不了傑作。除了少數重要時刻之外，大部分偉人的生活也同樣平淡無奇。蘇格拉底可能偶爾享受盛宴，當他喝下的毒芹汁，開始在肚子裡發作之前，相信一定能在高談闊論中得到很大的滿足，但他的生活大多數時候是與妻子贊西佩（Xanthippe）一起平淡度過的，只有在午後散步時，或許會在路上遇到幾個友人。據說康德（**Immanuel Kant**）一生從未走出家鄉柯尼斯堡（**Königsberg**）的方圓十英哩以外。達爾文周遊世界之後，剩下的時光都是待在自己家裡。馬克思鼓動了幾次革命之後，決計只在大英博物館消磨他的餘生。整體來說，寧靜的生活是偉大人物的特徵，而他們的快樂也決不是外人以為的那種刺激。一切偉大的成就都離不開堅持不懈的埋頭苦幹，其中的心神專注與艱苦使人沒有餘力去應付瘋狂的娛樂，當然，除了假日裡用為了恢復體力、消除疲勞而做的娛樂活動，其中最典型的就是登山。

忍受或多或少的單調生活的能力，應當從小培養。現代父母在這方面實在難辭其咎，他們提供子女太多消極性的娛樂，如觀賞電影、品嘗美食之類，他們沒有意識到日復一日的平淡生活對於兒童的重要性——當然，在少數的日子裡，偶爾娛樂一下是無可非議的。孩子們的快樂主要應當讓他們透過自己的努力和創造，去從他們生活的環境中獲得。那種令人興奮但無須花費體力就能獲得的活動，如看戲，應當減到最少為宜。令人興奮的事物如同是一種麻醉劑，人們對於它的需求會越發強烈，而身體在興奮時的消極性反應，與人的本能反應是相反的。孩童如同幼苗，唯有讓他在自己的土地上自由生長，他們才會發育得更好。過多的旅行，太多目不暇給的印象，對孩子並非好事，這會使他們長大以後不能忍受那種具建設性的單調生活。我並不是說單調本身有何優點；我只是指出，某些美好的東西少了一定程度的單調是不可能的。以華茲渥斯（William Wordsworth）的長詩《序曲》（Prelude）為例。凡讀過這首詩的人必會意識到，一個精明世故的都市青年是無法領會華茲渥斯在思想與情感上的價值的。懷抱嚴肅且富有建設性目標的年輕人，一旦需要，他們會心甘情願地忍受無處不在的無聊、煩惱。但若過著一種漫不經心、放蕩不羈的生活，年輕人就很難自動形成一個積極性的目標，因為在這種情況下，他思想上所注重的是眼前的娛樂，而不是未來的成就。綜上所述，不能忍受無聊煩悶的新世代必將是庸庸碌碌的一代，是過分脫離大自然緩慢進程的一代，是勃勃生機逐漸枯萎的一代，正如被剪下插於瓶中的花朵。

我不喜歡故弄玄虛的語言，但離開聽起來詩意而不科學的句子，我不知道該如何表達我的主張。無論我們作何想法，我們都是大地之子；我們的生活是自然生活的一部分，我們從大地汲取養分，與動植物毫無二致。大地生活的節奏是緩慢的；對它來說，秋冬與春夏同樣重要，休息與運轉同等重要。相較於成年人，孩子更需要與自然生活的盛衰起伏保有接觸。人體經過了漫長歲月，已適應這個節奏，宗教在某個層面將其表現出來，比如復活節即是一例。我曾經見過一名一直住在倫敦的兩歲男孩，第一次被帶往田野踏青的情景。時值冬日，土地潮濕而泥濘。在成人眼中，這番景色毫無令人興奮之處，可是男孩在這裡卻表現出奇的狂喜；他跪在潮濕的泥地上，臉蛋緊貼著草皮，發出含混不清的歡呼聲。他所感到的喜悅是如此原始、單純、巨大。得到這種滿足的生命需求意義深遠，以至於，凡是缺乏了它，在心智上很少完整健全的。許多帶來樂趣的活動——比如賭博就是個好例子——本身都缺少這種與大地接觸的元素。這類娛樂一旦停止，人們便會立刻感到無聊和不滿，總覺得少了點什麼，但究竟少的是什麼，連他自己也說不清。這種娛樂活動不會帶來任何可以被稱之為歡愉的感受。相反的，凡能使我們接觸自然生活的娛樂活動，其本身就有令人深感滿足之處；當這種娛樂活動停止時，它們帶來的歡愉並不會隨之消失，儘管歡愉的程度也許不及更為刺激的放縱。這種區別存在於最簡單到最文明的全部活動中。我剛才說到的那個兩歲的男孩，表現出與大地生命融合的最原始的形式。而較高級的形式則可以在詩歌裡看到。莎士比亞的抒情詩之所以美妙絕倫，是因為它們充滿了和那兩歲男孩擁抱青草時所感受到的歡樂相似。讀莎翁的〈聽，聽，雲雀〉（Hark，Hark，The Lark）或〈

來到這一片黃沙灘〉（Come unto These Yellow Sands,《暴風雨》中之歌），你將發現這些詩句表達出令人心曠神怡的情感，正是說話含糊不清的兩歲孩童發出歡呼時所表達的情緒。我們再來看看愛情和單純的性吸引之間的區別。愛情能使我們的整個生命煥然一新，就像久旱過後的雨水之於植物那樣。沒有愛情的性行為則全無這種感受。短暫的歡快一旦結束，只剩下疲倦、厭惡和生活空虛之感。愛是大地生命的一部分，沒有愛情的性則不是。

現代都市人所承受的那種特殊的無聊厭煩之感，與他們脫離自然生活有密切相關。離開自然使生活變得緊張、無聊和枯燥，猶如行走在沙漠的行者。以下說法也許顯得荒謬，但那些能夠隨意選擇生活方式的富人，由於懼怕無聊，反而使自己陷入了另一個更加難以忍受的無聊、厭煩。在很大的程度上快樂的生活是屬於靜謐的生活，因為唯有在靜謐的氣氛中才能蘊含真正的快樂。

〈第五章〉

疲勞

疲勞有許多種型態，其中有幾種對幸福感的妨礙更勝其他。若純粹只是身體上的疲憊，只要不過度，往往可以帶來快樂；它能使睡眠深沉、胃口大開，並且會對假期所安排的娛樂活動充滿興趣。但如果疲憊過度，則會造成極大的危害。除了某些最先進的社會以外，過度操勞的農家婦女幾乎到三十歲就老態畢露了。在工業化初期，兒童的發育受到阻礙，並且常常因過度勞累而夭折。在工業革命尚處於起步階段的中國和日本，這種情形依然存在；在美國南部的幾個州，這種情形也有某種程度的存在。超過一定限度的體力勞動乃是殘酷的折磨，如果經常如此，就會使得生活變得不堪忍受。然而，在現代世界一些最發達進步的地區，身體上的疲憊已因工業化的改善而大幅減輕。在今日的先進社會中最嚴重的一種疲憊乃是神經性的疲勞。奇怪的是，抱怨這種疲勞的，主要是富裕階層，比起商業人士和腦力勞動者而言，勞工階層為此所苦的人顯然少得多。

在現代生活中想要避免精神疲勞，是一件很困難的事情。首先，在整個工作時間裡，尤其是在上下班的通勤時間，上班族總是受著噪音的折磨，當然，人們已經學會對大部分噪音有意識的聽而不聞，但仍免不了因此而疲倦，主要是由於他在潛意識裡努力去避開噪音的干擾的緣故。另一件我們未察覺卻也令人疲憊的事情，就是我們經常身處有陌生人的環境當中。像其他動物一樣，人的自然本能會驅使自己去探查與他同類的每一個陌生者，以便決定到底是要用友好或是用敵對的態度去面對。那些在尖峰時刻乘坐地鐵的人，不得不壓抑自己的這個本能，而壓抑的結果是，他們對非自願性接觸的所有陌生人產生了普遍性的憤怒。為了趕上早班列車而匆匆忙忙，又會引發消化不良的後遺症。趕到辦公室開始一天的工作之時，他們已經感到精神疲倦了，看誰都覺得不順眼。以同樣心境前來上班的雇主，又怎麼可能化解員工的這種問題呢？害怕遭解雇的員工只能裝出畢恭畢敬的樣子，然而這種不自然的舉止只會使他們的神經更加緊繃。假如員工每週能有一次機會，被允許去揪老闆的鼻子[32]，或是用其他方式

32 揪鼻子在西方是一種侮辱性的動作。

來表達自己對老闆的真實想法，那麼，他們繃緊的神經就可能獲得釋放；但對於自己也有煩心事的雇主來說，這種辦法於事無補。員工害怕的是被解雇，而老闆害怕的是破產。確實，有些人的實力已達到毋庸害怕的程度，但要取得無懼的地位，通常是經過數年的辛勤奮鬥，既要對世界各地所發生的事情瞭若指掌，又要不斷破解競爭對手的計畫。這一切的結果是，當真正的成功來臨時，他已經是個精神上千瘡百孔的人，習慣於焦慮不安，即使引發焦慮的條件已成過去，他仍告別不了焦慮。那麼，對於富人的兒子呢？富二代總愛自己給自己找麻煩，這些麻煩所帶來的痛苦和那些並非含著金湯匙出生的人所感受到的痛苦毫無二致。他們沉迷賭博，讓父親很不滿；為尋歡而通宵達旦，健康受損；等安定下來時，他們已經和他們的父親一樣無力享受快樂了。無論願不願意，無論自主選擇或是責任使然，大多數現代人都過著精神極為緊繃的生活，由於持續不斷的精神過度疲勞，若無酒精相助，已不知快樂為何物了。

暫且不談這些愚蠢的富人，讓我們來看看因為辛勤謀生而產生的疲勞，這種是更常見的例子。這類疲勞在很大程度上是因憂慮所致，而憂慮能夠透過較良好的生活哲學和心理訓練來加以避免。大部分人都非常缺乏控制自己思維的能力。我的意思是，人們有時在面對某些已是無計可施的事情，還是不能阻止自己繼續想它。男人帶著事業上的焦慮上床睡覺，在本該積聚新的力量去應付明日難題的夜裡，腦子裡卻反覆憂慮著內心的捆擾而一籌莫展，而這種苦思妄想並不是為了找出明天可行的方案，只是失眠者特有的胡思亂想。夜裡的胡思亂想到了天亮還纏繞不去，干擾了他們的判斷力，破壞他們的心緒，並且使他們稍不如意就大發雷霆。理智的人只在具有某種目的時才會絞盡腦汁思考自身的難題；而在其他的時間他會關注別的事，在夜裡他反而什麼都不想。我並不是說，在面對重大危機，例如，當傾家蕩產已迫在眉睫時，或者男人有理由懷疑妻子欺騙他時，我們還能在無計可施的當頭，對難題心如止水（少數具備特殊心理能力的人或許可以做到）。但在日常生活中遇到的一些小麻煩，除了必須立刻處理的事之外，暫且擱置這些麻煩是完全可以做到的。當我們培養了紀律嚴明的心理習慣，在適當的時間充分思考問題，而不是無時無刻地胡思亂想，這對增加快樂和提高效率都具有驚人的作用。當需要作出困難的或令人憂慮的決斷時，只要掌握完備的資料，你就能對這件事進行全盤性的思考，並且當機立斷做出決定；一旦做出決定就不要改來改去了，除非你又掌握到新的資訊。因為優柔寡斷是最耗費心神且徒勞無益的。

明瞭使我們焦慮的事根本並不重要，我們的焦慮就會大大減少。我有多次公開演講的經驗：起初，每個聽眾都令我感到害怕，過度緊張的心情使我講得很糟糕；對此窘境的懼怕至極，每每讓我在演講前都恨不得把腿摔斷，演講結束後會因精神緊張而精疲力盡。漸漸地，我認識到自己的表現好壞根本沒那麼重要，我講得再壞，地球照樣運轉，太陽照樣東升西落。我發現，我越是不在乎表現的好壞，就越不容易表現失常，精神緊張的情況也逐漸放鬆到幾乎消失。大部分的精神疲勞都可以使用這種方式來應對。我們的行為舉動並不像我們自己以為的那麼重要；我們的成功與失敗說到底也沒什麼了不得的。即使是令人斷腸的悲傷也毀滅不了我們；而那些似乎定要終結幸福的困局，終將隨著歲月的流逝而消失殆盡，到後來幾乎想不起當時的辛酸。然而，在這些以自我為中心的考量上的事實是，個人小我並非這個世界最大的部分。如果一個人能把自己的思想與希望聚焦在超越自我的事物上，必能在日常生活的煩惱中覓得某種安寧，而這是純粹的自我主義者絕對辦不到的。

關於精神保健的研究還是太少了。確實，工業心理學針對疲勞進行了許多詳盡的研究，並透過詳細的統計數據表明，若長時間從事某項工作，最終會感到相當疲倦——這個結果，無需多少科學知識就能猜想到的結果。心理學家對疲勞的研究，主要集中在肌肉疲勞，儘管其中也有一定數量的論文談及學生的疲勞研究。不過，這些研究都未觸及到最關鍵的問題。在現代生活中，主要的疲憊是精神方面的；純粹的腦力疲勞如同純粹的肌肉疲勞，只要經過睡眠就可以獲得改善。一個腦力工作者的工作量再大——比如，進行複雜計算工作——只要不涉及情感投入，都可以透過睡眠消除當天的疲勞。被認為過度勞動所致的危害，其實很少是由過勞本身引起，而是因為某種煩惱或焦慮所致。情感上的疲倦之所以折磨人，是因為它會影響休息狀態。一個人越是疲勞就越是無法使疲勞消失。瀕臨神經崩潰的徵兆之一，是堅信自己的工作至關重要，以致一旦休假就可能引發不可收拾的災難。假如我是醫生，對任何認為自己的工作很重要的病人，我會開出「去休假」的處方箋。就我個人所知道的案例來看，看似由工作引發的神經崩潰，其實都是由情緒問題造成的，而患者原是為了逃避這些情緒苦惱才去埋頭工作的。他不願意放棄工作，因為放棄之後，就再也沒有什麼東西可以讓他轉移他自己的不幸了。當然，他的苦惱也許是害怕破產，這樣他的工作就直接相關於他的憂慮，但即使是在這種情況下，憂慮也可能會導致他長時間的工作，以至於判斷力變得遲鈍，這種情況下多做還不如少做。總而言之，造成神經崩潰的是情緒性的困擾，而不是工作。

關於憂慮的心理學，絕非一門簡單的知識。我前面講過心理紀律的論點，就是在恰當的時間裡思考問題的習慣。這個習慣有其重要性，第一，它可以讓人不費太多心思就可以完成日常工作；第二，它有助於治療失眠；第三，它可以提升決策時的效率和智慧。但是，這種方法並未觸及潛意識或無異是層面，當面對嚴重的問題時，任何不能穿透意識層面的解決方法都不會有大作為的。心理學家曾深入研究過潛意識對於意識的作用，但卻鮮少涉及意識對於無意識的作用。後者在心理衛生論題是非常重要的，如果理性的信念真能在無意識領域發生作用，那麼我們實在應該把這種作用弄明白。在憂鬱問題上這點尤其適用。儘管一個人很容易告訴自己「某種不幸即使發生也不可怕」，但只要這種念頭僅是一種有意識的信念，它在深夜裡就會失效，也沒辦法阻止夢魇的出現。我相信，一種有意識的思想是可能在無意識中紮根的，只要這思想足夠強烈並具有足夠的力量。大部分的無意識都是由曾經高度情感化的的有意識的想法構成的，而這些有意識的想法現在被掩藏了起來。我們可以主動進行這種掩藏，這種就可以利用無意識做許多有用的事。例如，我發現，如果我要寫一篇題目艱澀的文章，最好的辦法就是聚精會神地——最大限度的聚精會神——將題目思考幾個小時或幾天，然後在結束時，對自己說，讓這工作在無意識裡進行。幾個月後，當我有意識地回到那個題目上時，我發現文章已經完成了。在發現這個技巧之前，我會因為工作毫無進展，而連續煩惱幾個月；煩惱不能幫我解決任何問題，還白白浪費了幾個月的時間，現在的我則會把這些時間運用在其他研究上。同樣的方法可以用來應對焦慮。當你面臨某種威脅時，不妨認真而周密地思考一下究竟有什麼嚴重的事情會發生。將可能的不幸正視過後，為自己列舉出明智的理由讓自己相信，這種不幸即便真的降臨也不是什麼了不得的大禍。如此的理由所在多有，因為，一個人所能遇到的最糟糕的事情，也不可能重要到影響宇宙存在。當你耗費若干時間持續琢磨最壞的可能性，並以確信的態度頓服自己：「好，這事也沒有什麼了不得」，你便會發現你的憂慮大大地減少了。這個過程也許需要重複幾遍，最後，如果你能在面對著最壞的可能性時，不做任何逃避，你將會發現自己的憂慮已消失殆盡，取而代之的是一種輕鬆快活的情緒。

這項技巧被廣泛地用於消除恐懼。憂慮是恐懼的一種，而所有形式的恐懼都會導致疲憊發生。一個人若能學會不去感受恐懼，便會發現日常生活中的疲憊感隨之大為減少。傷害性最大的恐懼源自於我們不願正視的危險，可怕的念頭會在某個閒暇無事的時刻闖入我們的腦海；念頭具體是什麼因人而異，但幾乎每個人都有某種潛藏的恐懼。有的害怕罹患癌症，有的害怕經濟破產，有的害怕某件不光彩的祕密曝光，有的被忌妒猜疑之心所苦，有的在夜裡老是想著兒時聽過的鬼故事會不會成真。這些人大概都用了錯誤的方法來應對他們的恐懼；每當恐懼闖入他們的腦海，他們就努力要自己去想別的事情；他們藉由娛樂、工作或諸如此類的事情來轉移自己的恐懼感。由於不敢正視，各種恐懼反而越發惡化。刻意轉移注意力，不讓自己直視它，恰恰增加了恐懼的幽靈的恐怖性；應對恐懼的正確方法是全神貫注，理性且鎮靜地思考它，直到你完全熟悉它。最後，熟悉感會消滅恐懼；當整個問題變得索然無味，我們的注意力便會轉移到別處，這種轉移並非像從前那 憑借意志的努力，而是由於對這一問題不感興趣了。當你發現自己對某事容易操心多想時，，最好的辦法就是將它仔細思索一番，往多裡想，往深理想，直到這件事情的致命誘惑力最後消失殆盡。

當代道德最大的缺陷之一，便是恐懼問題。確實，我們期待男性表現出身體上的勇敢，尤其是在戰爭中，卻不希望他們也有其他型式的勇敢，而對於女性，我們則不期待她們表現出任何形式的勇敢。一個無畏的女人若想要獲得傳統的男性愛她，就不得不隱藏這項特質。而一個男人的勇敢若非僅限於身體方面，也會遭到敵視，被看成是缺點。例如，漠視公共輿論會被認為是挑釁，公眾將會竭盡所能地懲罰這個膽敢藐視他們的權威的人。而這一切都有悖常裡。各種形式的勇敢，無論在男人或女人身上，都應該受到讚揚。年輕男性普遍具有身體上的勇敢，足以證明勇氣可以應公共輿論的要求而產生。只要增加勇氣，便可減少憂慮，進而減少疲憊，因為現代人所承受的神經性疲憊，絕大部分都歸咎於有意識或無意識的恐懼所導致。

一個更為常見的疲憊的原因，是對興奮與刺激活動的熱愛。如果一個人閒暇便睡覺休息，他將會健康無虞，可由於工作期間的的乏味無聊，使人感覺很需要在自由支配的時間裡快活一下。問題是，那些最具可行性且在表面上最吸引人的娛樂活動，大都是耗神的。對刺激的渴望若超過了一定限度，則要麼表明一種扭曲的天性，要麼表明某種本能的不滿。在一場幸福的婚姻初期，多數人都會感覺不需要刺激。但是在現代社會裡，婚姻往往要拖得很久，以致當結婚在經濟上成為可能時，刺激已變成一種習慣，只能經受短時間的壓抑。假如輿論允許男人在二十一歲結婚而又不必承受現代婚姻所帶有的經濟負擔，許多男人便不會要求和工作同樣累人的娛樂了。然而，這種建議是違反道德的，這一點從林賽法官的命運中便可看出。林賽法官一生清白，臨了卻遭到咒罵，而他唯一的罪名就是想把青年人從前輩的固執所造成的不幸中解救出來。可是我現在不打算討論這個問題，因為那是下一章「忌妒」所要討論的問題。

由於個人無法改變他所面對的法律和制度，所以要對付暴虐的道德家所創造並保持的局面是困難的。然而，懂得那些充滿刺激性的娛樂並不是一條快樂之路，但卻是有益的，雖然大部分人認為令人滿足的快樂可遇不可求，也許可以透過追求刺激，度過這平凡無奇的生活。在這種情況下，一個明智之士所能做的唯一之事，就是節制自己，不讓自己有過分累人的娛樂，以致損害健康或影響工作。根除青年人煩惱的辦法在於改變公眾的道德觀。眼下，青年人最好想到他們最終仍要結婚，如果目前的生活方式會使以後的婚姻不快樂，那是不明智的，因為神經緊張，無法領受較為文雅的娛樂，如此想要獲得快樂的婚姻也許並不容易。

神經疲勞最糟糕的特徵之一，就是它彷彿在個人與外界之間設置了一道屏風。他所獲得的印象是模糊的；他不再注意周圍的人，除非被小動作或怪脾氣所激怒；他從食物與陽光中感受不到興趣，只把注意力集中在幾件事情上面，其餘全部不理會。這種狀況令人無法休息，以致疲勞有增無減，結果只能求助於醫生。所有這些，歸根結底，都是因為和大地失去接觸而受的懲罰，關於這一點，我們在前一章已經提到了。但是在人口密集的現代大都市裡，如果想保持這種接觸，絕非三言兩語可以說得清；在此，我們又將涉及龐大的社會問題，但這不是我在本書所要討論的。

〈第六章〉
忌妒

造成不快樂的原因，除了凡考之外，或許忌妒也是。忌妒是人類最普遍、最根深蒂固的情感之一。忌妒在未滿周歲的孩子身上就非常明顯了，每一個教育者都必須十分謹慎地對待。在一個孩子面前稍微偏愛另一個孩子，前者會立刻察覺並感到忿恨。凡有孩子的人，務必在分配方面表現出絕對的、嚴格的和始終如一的公平。但孩子在表現忌妒與猜疑（一種特殊形式的忌妒）方面，只是比成人稍稍露骨而已。這種情感在成人當中與孩子同樣普遍。就以女僕為例，我記得當我們一位已婚女僕懷孕時，我們說她不應再拿重物了，結果所有的女僕都不願意拿重物了，於是這類事情只好由我們自己去做。忌妒是民主的基礎。古希臘哲學家赫拉克利特聲稱，以弗所[33]的市民應當

33 小亞細亞古都。

通通被絞死，因為他們說：「我們當中不能有任何一個人出人頭地。」希臘各邦的民主運動幾乎全是由這種情感所激勵。現代民主也是如此。誠然，現在有一種理想主義的理論，按照這種理論，民主政體當屬最好的政府型態。我個人認為，這種理論是正確的。但是，當理想主義的理論強大到足以引起大變革時，實際政治也就沒有存在的餘地了；當大變革發生時，那些為大變革辯護的理論，不過是掩飾情感的幌子。而推動民主理論的那種情感，毫無疑問的就是忌妒。羅蘭夫人（Madame Roland）常被人們視為是忠於人民的崇高形象。然而當你讀到她的回憶錄時，會發現使她變成這樣一個熱烈的民主主義者，是因為當她去訪問一座貴族城堡時，結果她竟被帶到僕人的房間裡接見。

在有身份的普通女人身上，忌妒具有極大的作用。如果你坐在地鐵裡，恰巧有一個衣著華貴的女人從車廂旁走過，你不妨留神一下其他女人的目光。她們每一個人，也許那些衣著更為華貴的女人除外，都將以惡意的目光注視她，並絞盡腦汁地想貶損那女人。喜歡議論八卦，就是這種惡意的表現；任何一個不利於其他女人的故事，都會立刻被人相信，即使純屬無稽之談。一種崇高的道德也可用於同樣的目的；那些有機會違反這道德的人總是遭人忌妒，而懲罰他們則被認為是有道德的。這種特殊的道德便是對它本身的獎賞。

同樣的情形也見於男人，不同的是，女人將所有別的女人都看作是自己的競爭對手，而男人通常只對同行的其他男人才有這種感覺。讀者，您是否曾魯莽到一個藝術家面前去稱讚另一個藝術家？是否曾向一個政治家面前去稱讚與他同黨的另一個政治家？是否曾向一個埃及考古家面前去稱讚另一個埃及考古家？如果您曾這樣做過，那麼一百次一定有九十九次引起忌妒之火。在萊布尼茨（Gottfried Wilhelm Leibniz）和惠更斯的通信中，有不少封信都在為傳聞牛頓精神錯亂這件事表示痛惜。他們相互寫道：「這位無與倫比的天才牛頓先生竟會失去理智，難道這不令人感到悲傷嗎？」這兩位名人在一封接著一封的信中，顯然津津樂道地流了不少鱷魚的眼淚。事實上，他們言不由衷地為之痛惜的事情從未發生過，那只是牛頓幾次古怪的舉動所引起謠言罷了。

在普通人性的各種特徵中，忌妒是最不幸的情緒；忌妒者不但希望給人帶來災難，若能不受懲罰，隨時都會付諸行動，而且他自己也會因忌妒而變得鬱鬱寡歡。他不在自己的所有當中尋求快樂，卻在別人的所有中尋求痛苦。只要可能，他總是阻止別人獲得利益，因為在他看來，這和他自己獲得利益同樣必需。如果允許這種情感橫行無忌，那麼非但一切卓越之舉要深受其害，甚至最有益的特殊技巧應用也都在劫難逃。

為何醫生能夠乘車去治病，而勞工只能步行去上工？為何科學家可以在溫暖的室內度過他的研究時光，而他人卻要飽嘗嚴寒？為何對社會具有重要作用的奇才可以從繁重的家務勞動中解脫出來？對於這類問題，忌妒是找不到答案的。幸而人性中還有一種可以作為補償的情感，那就是羨慕。凡希望增進人類快樂的人，都應希望增加羨慕，減少忌妒。

對於忌妒有什麼治療的辦法呢？就聖人而言，治療的辦法是無私的精神，雖然聖人彼此之間的忌妒也不是絕對不可能的事。我懷疑，假如西門・斯泰萊特（Simeon Stylites）得知別的聖人能在一根更窄小的石柱上站得更久，他是否會感覺暢快。但是撇開聖人不談，治療普通男女的忌妒，唯一的辦法是快樂，然而困難在於忌妒本身便是快樂的巨大障礙。我認為，忌妒在很大程度上是兒時的不幸引起的。一個孩子若發現他的兄弟姐妹更受寵愛，便會養成忌妒的習慣，當他步入社會時，就會開始尋找那些有損於他們的不公平現象，如果真有，他會立刻發現；如果沒有他，便用想像來創造。這種人必然是不快樂的，並會惹朋友生厭，因為他們不可能時刻提醒自己去避免想像中的輕視和忌妒感。由於一開始便相信沒有人喜歡他，所以他的行為最終會把他的信念變為事實。兒時的另一種不幸也會帶來同樣的後果，那就是缺少慈愛的父母。

一個孩子即使沒有備受寵愛的兄弟姐妹，也可能會覺察到別人家裡的孩子比他更受父母的疼愛。這會使他憎恨別的孩子和自己的父母，長大以後便會感到自己是社會的棄兒。有幾種快樂是人所共有的天賦權利，若被剝奪，幾乎必致乖戾與怨恨。

忌妒者也許會說：「告訴我快樂真能夠治癒忌妒嗎？當我忌妒時，我便得不到快樂，而你卻告訴我只有得到快樂才能停止忌妒。」但真正的人生並不是這種邏輯。僅僅認識到自己忌妒的原因，在治療忌妒方面是走了遠路。「比較」的思維習慣是一種致命的弱點。遇到高興的事情，我們應當去充分享受，切勿停下來去想，比起別人可能遇到的樂事，這簡直不值一提。忌妒者會說：「是的，今天的確是春光明媚的日子，鳥在歌唱，花在盛開，但我知道，西西里島上的春光比這裡美過一千倍，赫利孔山叢林中的鳥唱得更悅耳，沙倫的玫瑰要比我家園中的更可愛。」當他產生這些念頭時，陽光暗淡了，鳥語成了得毫無意義的噪音，鮮花也似乎不值一顧了。對別的人生樂事，他都用同樣的態度對待。他會自言自語道：「我的心上人的確可愛，我愛她，她也愛我，但示巴女王想必比她可愛得多！唉，我要是能有所羅門的機遇，那該多好呀！」所以這些比較都是愚蠢又無意義的；引起煩惱的原因不論是示巴女王抑或鄰居，都是荒唐的。一個明智的人決不會因別人有別的東西，就對自己的東西不感興趣。事實上，忌妒是一種惡習，部分屬於道德方面，部分屬於智力方面，它的著眼點不是事物的本身，而是事務的關係。例如，我的工資可以滿足我的需要。我理應滿足，但我聽說一個我自信不如我的人竟掙著比我多兩倍的工資。如果我是一個愛忌妒的人，我本來的滿足感會立刻消失，一種不公平的感覺開始吞噬我的心。根治這類病症的正確方法是進行精神方面的訓練，即養成一種不作無益之想的習慣。畢竟，還有什麼能比快樂更令人羨慕。若能去除忌妒的惡習，我就能獲得快樂並令人羨慕，比我多掙一倍工資的人，一想到有人比他多掙一倍工資，無疑也會苦惱，以此類推。如果你渴望榮譽，你也許會忌妒拿破崙。但拿破崙曾忌妒凱撒，凱撒曾忌妒亞歷山大，而亞歷山大，我敢說，也曾忌妒那從未存在過的赫拉克勒斯[34]。你不能單靠成功來克服忌妒，因為歷史上或神話總會有人比你更成功。享受你眼前的歡樂，做你必須做的工作，避免與你所想像的（也許是完全錯誤的想像）比你更幸運的人進行比較，只有這樣，你才能克服忌妒。

不必要的謙虛與忌妒有很大關係。謙虛被視為美德，但我很懷疑過分的謙虛是否配稱為美德。謙虛的人很缺乏自信，往往不敢嘗試他們完全能夠勝任的工作。謙虛的

34 希臘神話中的主神宙斯之子、力大無比的英雄。

人總是自愧不如周圍的人。因此，他們特別容易忌妒，並因忌妒而不快，以致產生惡意。我認為，我們很有理由教導男孩子自認為是一個出色的人。我不相信孔雀會忌妒其他孔雀的尾巴，因為每隻孔雀都認為自己的尾巴是世界上最美的。正因如此，孔雀才是一種性情溫和的鳥類。試想一下，假如孔雀也相信驕傲不好，那牠的生活將會何等不快。每當牠看見別的孔雀開屏時，他便會自言自語道：「我絕不能想像我的尾巴比牠美，因為那是自負的表現，但我多希望能夠如此呀！這隻可憎的鳥居然那樣自信漂亮！我是否該把牠的羽毛拔下幾根？也許這一來，我就用不著害怕與之比較了。」也許牠還會設下陷阱，證明牠是一隻壞孔雀，有辱孔雀的品行。漸漸地，它會確定這樣一個原則，就是尾巴特別美的孔雀幾乎都是壞的，孔雀國賢明的統治者理應重用那種羽毛醜陋的謙卑孔雀。這一原則若被接受，它便會將所有美麗的孔雀置於死地，最後，那真正漂亮的尾巴只能成為模糊的回憶。這便是那道德幌子下忌妒的勝利。但是，當每隻孔雀都自認為比別的鳥更美時，就不須要有這些迫害了。每隻孔雀都希望在競爭中獲得頭獎，而且都相信自己確是如此，因為牠們都十分珍視自己的配偶。

忌妒當然與競爭密切相關。我們不會忌妒那種我們確信無法得到的好運。在社會等級固定的時代，只要貧富之間的差別被認為是上帝的安排，最低微的階層不會去忌妒上層。乞丐不忌妒百萬富翁，雖然他們忌妒比自己收獲多的其他乞丐。現代世界之社會地位的不穩定，以及民主主義與社會主義的平等學說，大大地增加了忌妒的範圍。這在目前是一種不幸，但這是一種為達到更公平的社會制度所必須忍受的不幸。不平等被合理化思考之後，會立刻被視為不公平，除非這個不平等是以某種卓越的功績為根據。而不平等一旦被視為不公平，則會立刻產生忌妒，除非能夠消除不公平。因此，我們的時代乃是忌妒具有十分重要作用的時代。窮人忌妒富人，窮國忌妒富國，女人忌妒男人，貞潔的女人忌妒那些雖不貞但未受罰的女人。誠然，忌妒是使不同階級、不同民族和不同性別趨於公平的主要動力，但是與此同時，那種可望透過忌妒獲得的公平，很可能是最不可取的一種，也就是說，那種公平會減少幸運者的歡樂，可又不會增加不幸運者的歡樂。破壞私人生活的情感也會破壞公共生活。不能設想，像忌妒這類有害情感會產生有益的結果。因此，那些渴望改變社會制度並增加社會公平的人，應該希望透過忌妒以外的其他力量來促成這些變化。

一切壞事都是相關的，其中任何一件都可能成為另一件的起因；尤其是疲勞，常常成為忌妒的起因。一個人感到不能勝任份內的工作時，便會一肚子的不滿，很容易忌妒那些工作較輕的人。因此，減少忌妒的方法之一是減少疲勞，但最重要的是獲得能滿足本能的生活。似乎純屬職業上的忌妒，其實大都具有性的根源。一個在妻子和孩子身上獲得滿足的人，只要能夠按照他所認為的正確途徑培養孩子，就不至於因他人擁有更多的財富或成就而產生更大的忌妒。人類快樂的本質十分簡單，以致簡單到那些世故者說不出他們究竟缺少的是什麼。我們在前面說過，女人往往以忌妒的眼光去注視每一個衣著華麗的女人，她們一定在本能生活上是不快樂的。本能的快樂在說英語的國家裡是罕見的，尤其是在女人當中。文明在這方面似乎入了歧途。若要減少忌妒，就必須找到改變這種狀況的辦法，如果找不到改變的辦法，我們的文明就會面臨在仇恨的怒潮中毀滅的危險。在古代，人們只是忌妒鄰居，因為他們對於別人的事情很少知道。現在透過教育和新聞媒體，他們相當程度會知道很多有關各階層的事情，其中沒有一個人是他們所認識的。通過電影，他們自認知道了富人的生活；透過報紙，他們知道許多外國的醜聞；透過宣傳，他們知道所有不同於他們膚色的人都有劣跡。黃種人痛恨白種人，白種人痛恨黑種人，以此類推。你也許會說，所有這些仇恨都是被宣傳煽動起來的，但這種解釋未免失之於膚淺。為何煽動仇恨的宣傳要比鼓勵友好的宣傳成功得多？原因是顯而易見的，現代文明所造成的人心更傾向於仇恨而不是友好。而它之所以傾向於仇恨，是因為它不滿足，因為它深切地、也許還是無意識地感到它多少失去了人生的意義，感到除了自己之外，其他人也許都得到自然給人享受的

〈第七章〉

罪惡感

關於罪惡感，我們在第一章裡已經有所提及，但我們現在必須作更全面的探討，因為在成人生活不快樂的潛在心理因素當中，罪惡感是最重要的一個。

有一種傳統宗教上的犯罪心理學為現代的心理學家所無法接受。按照這種心理學，尤其是按照新教徒的說法，當一個人受到誘惑而做出罪惡的行為時，良心會萌發出來，因此犯下罪過後，他可能會經歷兩種痛苦的感受：一種叫做懊悔，那是沒有用處的，另一種叫做懺悔，那是可以消除他的罪過的。在新教國度裡，連許多不再信教的人都多少接受這種正統的犯罪觀。今天，在某種程度上是由於精神分析學的緣故，我們的情形已截然不同：不僅非正統的人反對這種舊的犯罪觀，而且那些仍自命為正統的人也是如此。良心不再是神祕之物，因此也不再被視為上帝之聲。我們知道，良心所禁止的行為在世界各地是不同的，而且廣義地說，它與各部落的習俗並行不悖。那麼一個人受到良心譴責，究竟是怎麼回事呢？

事實上，「良心」這個詞包括好幾種不同的意義；最簡單的一種是害怕被人發覺。讀者，我相信你過著一種完全光明磊落的生活，但若你去問一個曾做過一些被發現便會受罰之事的人，就可以發現當事蹟敗露迫在眉睫之時，這個當事人便後悔他的罪過了。我並不是說這也適用於職業扒手，這種人把坐牢視為職業上必冒的危險，但這確實適用於那種或可稱為「體面的」罪人，例如在緊急時刻挪用公款的銀行經理，或被情慾誘惑而入歧途的教士。當事蹟尚未敗露時，這種人是能夠忘卻他們的罪過的，但是當他們被察覺或有被察覺的重大危機之時，他們便會想當初應該檢點一些，他們深切地感到自己的罪過之大。與這種感覺密切相關的是害怕被社會遺棄。一個作弊騙錢或不償還債務的人，一旦被人發現，是絕對找不到理由來反駁社會對他的譴責的。他不像宗教改革者、無政府主義者和革命者，這些人無論眼前的命運如何，總覺得未來是屬於自己的，現在越遭詛咒，將來越受尊敬。這些雖然受到社會的敵視，自己卻不覺得有罪，但是那個承認社會道德而又違背道德的人，一旦失去社會地位，便會極為苦悶，並且對這種不幸的恐懼或不幸發生時的痛苦，很容易使他認定他的行為是有罪的。

但是罪惡感以其最重要的形式而論，乃是某種更深刻的東西。它紮根於下意識中，不像害怕他人的譴責是有意識的。在意識之中，有幾種行為被標明為「罪惡」，但並無明顯的理由可供反省。當一個人有了這種行為時，他會莫名其妙地感到不安。他但願自己和別人一樣，曾與他認為罪惡的行為無關。他僅向那種他認為心靈純淨的人表示道德上的欽佩。他會多少懷著內疚的心情承認，聖者的角色與自己無緣；的確，他對聖者的觀念在日常生活中幾乎無法實現。因此，他一生都擺脫不掉罪惡感，覺得美好的東西與自己無緣，傷感的懺悔是他生活中最崇高的時刻。

這種情形根源於一個六歲前從母親或保姆身邊所接受的道德教育。在那以前，他就知道，罵人是有罪的，說粗話是不好的，只有壞人才喝酒，抽菸無法與美德共存。他知道，人永遠不應該說謊。而首要的是，他知道，對於性的任何興趣都是下流的。他懂得這些都是他母親的見解，並且相信這些也是上帝的見解。受到母親或保姆（如果母親冷漠的話）的愛撫是他生平的最大享受，而這只有在他沒有犯錯、沒有違反道德時才能獲得。於是他開始把一些隱隱約約的可怕之事與母親或保姆所不同意的行為連在一起。隨著他不斷長大，他慢慢地忘記了他的道德來源和當初違反道德時所受的懲罰，但他並不是把種那道德感丟掉，仍感到若違反這些道德，便會發生可怕的事情。

這種兒童時期的道德教育大都沒有合理的根據，不適用於一般人的一般行為，例如，一個說「粗話」的人，從理智的角度出發，並不比一個不說這種話的人壞。然而，實際上人人都認為聖者的主要特點是不罵人。從理性的角度來看，這種看法是愚蠢的。這也適用於抽菸和飲酒。在南方各國，飲酒是沒有罪惡感的，因為大家都知道《聖經》中的上帝和他的門徒們都曾喝過葡萄酒。說到抽菸，則更容易堅持否定的立場，因為那些大聖人都生在尚不知香菸為何物的時代。但這種說法也沒有任何合理的論據。最後分析起來，那種認定聖人不抽菸的觀念，乃是基於這一種觀念，即聖人不會為了快活享樂而去做某件事的。普通道德中這種禁慾主義的成分幾乎是下意識的，但它在各方面都起了作用，這就使我們的道德準則缺乏理性了。在一種合理的道德中，凡給他人（也包括自己）以快樂的，都應受到稱讚，只要那種快樂沒有附帶痛苦給自己或他人。假如我們要排除禁慾主義，那麼理想的有德之士將是這樣一種人，他允許對一切美好事物的享受，只要不產生超過享受的惡果。再以撒謊問題為例。我不否認世界上謊言太多，也不否認講真話會使我們更加完善；但我確實否認撒謊在任何情況下都不可取的說法，我認為一切有理性的人都會同意我的觀點。我曾在鄉間的小路上看見一隻筋疲力盡的狐狸還在拚命奔跑。過了片刻，我又看見一個獵人。他問我是否看見一隻狐狸，我說看見過。他問我狐狸是朝哪兒跑的，我便撒了謊。我並不認為如果我說實話，我便是一個更好的人。

但早期道德教育的危害主要是在關於性的觀念。如果孩子受過嚴格的父母或保姆的傳統式管教，那麼罪惡與性器官之間的聯繫早在他六歲以前便會緊密到終生都難以完全擺脫。加強這種感覺的，當然還有戀母情結，因為兒童時期最愛的女人，乃是不可能與之有性關係的女人。結果是成年的男子覺得女人都因性而墮落，於是便鄙視自己的妻子，除非他們的妻子厭惡性交。但是其妻子性冷淡的男人又勢必被本能驅使到別處去尋求本能的滿足。然而，即使他暫時滿足了本能。這種滿足仍會受到罪惡感的干擾，以致使他與任何女人交往，無論是婚內的或婚外的，都無法感到快樂。在女人方面，如果有人一本正經地教誨她何為「貞潔」，也會有同樣的情形發生。在和丈夫發生性關係時，她會本能地退縮，生怕從中獲得什麼快感。然而，今日女人的這種情形較之五十年前已大幅減少了。我敢說，目前在知識分子當中，男人比女人性生活方面受到更多的罪惡感的壓抑與毒害。

傳統的性教育對於兒童的危害已開始為人們普遍認識到，但當局方面還是漠然。正確的方法很簡單：在孩子的青春期到來以前，不要向他們講授任何性道德，並認真避免灌輸關於天生的肉體功能有何可憎的觀念。當需要進行道德教育的時候，要確認教育的合理性，你所說的每一點都要有可靠的根據。但我在本書所要討論的不是教育問題。在本書中，我所關心的是成人怎樣才能最大限度地減少不良教育在產生不合理的罪惡感方面的危害。

這個問題和我們在前幾章討論過的問題一樣，就是強迫下意識去注意那些支配著我們意識的合理信念。人們不可聽任自己受心境的左右，一會兒相信這個，一會兒又相信那個。當我們的意識被疲勞、疾病、酒精或其他因素削弱時，罪惡感便特別占有優勢。這時一個人的感受（因酒精引起的除外）被認為是來自於他的更高自我的啟示。「魔鬼病時，方可成聖。」但若因此認為虛弱時會比強壯時更清醒則是荒唐的。在虛弱的時候，人們很難抗拒幼稚的建議，但沒有理由認為這類建議優於成人在官能健全時的信念。相反地，一個人精力充沛時以全部心智深思熟慮得來的信念，應當成為他任何時候都應相信的準則。運用正確的技巧，很可能戰勝下意識的幼稚暗示，甚至可能改變下意識的內容。無論何時，當你對你的理智認為並不惡的行為感到懊悔時，你應該檢查一下懊悔的原因，使你在一切細節上都確信這個懊悔是荒謬的。讓你那有意識的信念變得活潑有力，以使你的無意識產生強烈的印象，足以對付你的保姆或母親在你兒時造成的印象。不要滿足於時而合理，時而不合理。認真審視不合理的事情，決意不重視它，不讓它支配你。當它把愚蠢的念頭或感覺注入你的意識時，你應將它們連根拔出，審視一番，然後拋棄。不要做一個左右搖擺的人，一半受制於理智，一半受制於愚昧。不要害怕冒犯那些曾支配過你的童年的東西。當時它們在你看來是有力且智慧的，因為你是虛弱且愚蠢的；現在你既不虛弱也不愚蠢，應該去檢查它們的力量與智慧。習慣的力量使你一向尊崇它們，如今你應思考若它們是否仍值得你尊崇。請慎重地問問你自己，世界是否會因為那些教給青年的傳統道德而變得好些。請思考一下，一個傳統的有德之士的思想裡有多少迷信；再想想，雖然各種想像的道德危險受制於極其愚蠢的禁令，但一個成人所冒的真正道德危險反而隻字未提。普通人總想去做的真正有害的事情究竟是什麼？不受法律懲罰的奸商行為，對雇員的刻薄，對妻子兒女的殘酷，對競爭者的凶惡，政治傾軋中的狠毒——這些真正有害的罪行在有身份和受尊敬的公民之中屢見不鮮。人們因為這些罪行散布於生活之中而痛苦，甚至朝著毀滅文明更進一步。但當他們生病時，他們並不因此而將自己視為無權要求神靈庇護的惡棍。他們也不會因此而在惡夢中看見母親在用責備的目光注視自己。為什麼他們潛意識的道德觀與理性如此背離呢？因為他們兒時的保護人所相信的道德荒謬的；因為那道德並不是透過研究個人對社會的責任而產生的；因為它形成於不合理的原始禁忌；因為它內部含有一些病態的成分，而這些成分是從曾攪擾過垂死的羅馬帝國的精神病中演變出來的。我們名義上的道德是由祭司和精神上已經奴化的女人們規定的。凡要過上正常的社會生活的人，是應該起來反抗這種病態的、愚昧的信念了。

但是，若要讓這種反抗能夠帶來個人的幸福，並使人們能夠始終依照一種標準生活，而不是在兩種標準之間搖擺不定，他必須深刻地思考和感受他的理智所發出的指示。當人們把童年的迷信在表面上拋棄時，他們大都以為事情已經完結。他們不知道這些迷信仍潛伏在下意識裡。當我們得到一種合理的信念時，我們必須仔細觀察它，查明它的後果，在自己的內心搜尋是否還有什麼和它不一致的信念；當罪惡感變得很強烈時，而這是經常會遇到的，切勿把它視為一種啟示，一種向上的召喚，而要視為一種病，一種弱點，除非它起因於合理的道德所認可的行為。我並不是暗示一個人可以不要道德，我只是說一個人應該拋棄迷信的道德，這是截然不同的兩回事。

但是，即使當一個人違反了他自己的合理準則時，我仍懷疑罪惡感是否能成為獲得更美好生活方式的最佳途徑。罪惡感中存有卑賤的因素和缺少自尊的因素。缺少自尊不會對任何人有所裨益。有理智的人會將自己不可取的行為看成是某些環境的產物，就像看別人的行為一樣；避免的途徑或者是透過更充分的認清這類行為的不可取，或者是透過在可能時避開促成這類行為的環境。

事實上，罪惡感非但不能帶來美好的生活，而且運會產生相反的後果。它會令人不快和自卑。由於不快，他可能會向他人要求過分之事，以致使他在人際關係上得不到快感。由於自卑，他會懷恨那些優秀的人材。他會感到忌妒容易，佩服難。他會變成不受歡迎的人，以致越發孤獨。對他人豁達而慷慨，不但令他人快樂，且是自己快樂的巨大來源，因為這會使他贏得人們的普遍喜愛。但是一個滿腦子罪惡感的人很難持有這種態度。它是自信與自我依靠的產物，它要求所謂精神上的一體化，我指的是人性的不同成分，包括有意識的，下意識的和無意識的各種層次的心理因素共同協調作用，而不是處於無休止的爭鬥之中。這種和諧在多數情況下可由明智的教育達成，但當教育不明智時，情況就變得困難得多。這是精神分析學家意欲解決的事情，但我相信，在絕大多數情況下，病人可以自行完成這項工作，只是在比較極端的情況下才需要專家的幫助。別再說：「我沒有時間去從事這些心理工作，我已忙得不可開交，因此只能讓我的下意識去為所欲為。」沒有什麼比自我分裂的人格更能減少快樂和效率了。為使人格的不同組成變得和諧而花費時間是值得的。我不是建議人們獨坐一隅，每天進行一小時的反省。我絕不認為這是一個好方法，因為它會增加私心，而這是應當醫治的病症，況且和諧的人格是外向的。我的建議是，一個人應當下定決心重視自己的合理信念，不讓那些不合理的信念順利通過，不讓它控制自己，無論時間何等短暫。這在他不禁要變得幼稚可笑時，不過是一個思索的問題，但是這種思索如果進行得足夠集中的話，也許其過程是很短暫的。因此，為此所花費的時間不會多。

有許多人厭惡理性，遇到這種人，我剛才所說的話就會顯得不妥和無關緊要。有一種觀念認為，理性若被放任，勢必扼殺所有較為深刻的情感。我認為，這種認識是對理性在人類生活中的作用完全誤解所致。激發情感不是理性的事情，雖然設法阻止那些危害幸福的情感，或許是理性的部分功能。找到減少仇恨與忌妒的辦法，無疑是理性心理學的部分功能。但若以為在減少這兩種情感的同時，也減少了理性並不排斥的激情，則是誤解。在熱戀中，在父母的溫情中，在友誼中，在仁慈中，在對科學與藝術的虔誠中，決無理性想要減少的東西。當有理智的人感受到這類情感時，一定會非常欣喜而絕對不會去減少這些情感的力量，因為所有這些情感都是美好人生的組成，而美好的人生既能給自己帶來歡樂，也能給他人帶來歡樂。在上述情感中，絲毫沒有不合理的成分。誰也無須擔心自己會因變得合理而使生活變得無聊。相反地，正因為合理性主要存在於內心的和諧中，所以做到這一點的人，在觀察世界和用心實現外部目標時，較之那種經常受制於內心衝突的人，要自由得多。最無聊的莫過於自我封閉，最舒暢的莫過於對外部世界的注意力和努力。

我們傳統的道德過於以自我為中心，罪惡感便是這種愚蠢的自我中心的一部分。對於那些未因偽道德而產生主觀心情的人來說，理性也許是不需要的。但對於那些染上這種病的人來說，理性在治療中是必不可少的。染病也許是精神發展中的一個必要階段。我猜想，那些借助理性度過這一關的人，當比那些從未染病也從未受過治療的人更高明些。當代流行的對理性的仇恨，主要歸咎於不曾從基本方面去理解理性。精神分裂的人總尋找刺激與分心之事；他喜愛強烈的情感並非為了健全的理由，而是因為強烈的情感可以使他擺脫自己並且避免痛苦的思考。對他來說，任何激情都是一種麻痺，並且因為他不能想像根本的快樂，他覺得唯有借助麻醉才能解除痛苦。然而，這一種痼疾的症狀。若無這種病症，最大的快樂便能和最充分的官能運用並行不悖。當思想最活躍，很少忘記什麼事情的時候，才會感受到最強烈的快樂。這確實是快樂的最好的試金石。要靠麻醉才能獲得的快樂是假的，是不能令人滿足的。真正令人滿足的快樂必須伴隨著對我們各種官能的最充分的運用，以及對我們所生存的世界最充分的認識。

〈第八章〉
迫害妄想

極端的迫害妄想乃是一種公認的精神疾病。有些人總是想像別人要殺他們，監禁他們，或對他們施以某種嚴重的迫害。這種保護自己免遭想像中迫害的欲望，常使他們採取暴力行為，讓人不得不限制他們的自由。像其他許多種精神疾病一樣，它不過是正常人當中某種普遍傾向的誇張版。我不打算討論它的極端形式，因為那是精神科醫生的事情。我要討論的乃是它較為溫和的表現，因為這些表現常常是不快樂的原因，而且尚未發展為真正的精神疾病，只要患者能正確地診斷出自己的病情，並且認清它的根源就在自己身上而不在想像的他人的敵意或無情中，那麼問題就可能由他自己來解決。

我們都熟悉這樣一種人，有男亦有女，按照他們自己的說法，他們總是成為忘恩負義和無情打擊的犧牲品。這種人往往能說善道，常使相識不深的人對他們表示極度的同情。在他們講述的每個單獨的故事中，通常並無什麼令人難以置信之處。他們所抱怨的那種惡意對待也確實會發生。最終引起聽著懷疑的，是受害者竟會遇到這樣多的惡棍。按照機率之說，生活在某個特定社會裡的不同人，一生中所受的迫害大體上是相同的。如果某個特定人群中的一個人，按照他自己的說法，總是受到不公平的對待，那麼原因大概在他自己，或者他老是想像自己受到種種實際上並未受到的傷害，或者他無意中的所作所為引起他人無法克制的惱怒。因此，有經驗者總是懷疑那些自稱永遠受著社會迫害的人由於渴望同情心，他們很容易使那些不幸者確信人人都在欺負自己。事實上，這種煩惱是難以克服的，因為表示同情與不表示同情都會增加煩惱。當傾向於迫害妄想的人發現一個厄運故事被人相信時，他會把這個故事渲染得極其逼真；而另一方面，當他發現人家不信時，他只是又有了一個遭人迫害的例子。這種病只能靠理解來對付，並且這種理解若要生效，必須傳達給患者。在這一章裡，我的目的是提供幾種一般的反思法，每個人都能藉此在自己身上發現迫害妄想的因素（幾乎所有人都不同程度地為其所苦），並且一旦發現，便能加以排除。這是贏得快樂的重要組成，因為我們若覺得人人都在迫害我們，那就絕對不可能快樂的。

非理性最普遍的表現之一，是人們對於流言蜚語所持的態度。很少有人能避免去說熟人的壞話，有時連朋友的壞話都說；但當人聽到有關自己的流言蜚語時，他們便會感到驚訝和憤怒。他們顯然從未想過，別人議論自己正如自己議論別人。這驚訝和憤怒還算是一種溫和的表現，倘若擴大，就會導致迫害妄想。我們對自己總是有著溫柔的愛心和深切的敬意，我們也期望別人對我們如此。我們從未想到，我們不能期望他人待我勝於我待他人，而我們所以想不到這一點的原因是，我們自己的優點既多且明顯，而他人的優點，如果有的話，也只會在極慈悲的眼光中閃現。當你聽到某人說你什麼壞話時，你只會記得你有九十九次未對他作出最正確、最應有的批評，卻忘了第一百次時你在無意中自以為是的說出對他的看法。你會想，難道這就是對你長期克制的回報嗎？然而在他看來，你的行為恰如你眼中的他的行為；他全不知你三緘其口的次數，只知道你確實開口的第一百次。假如我們有一種能看出彼此想法的魔力，那麼我猜想的第一種後果是，幾乎所有的友誼都將解體；然而第二種後果倒是再好不過，因為沒有友情的世界令人無法忍受，所以我們應當學會彼此相愛，而不需要製造假像來欺騙自己，說我們不曾以為彼此完美無缺。我們知道，我們的朋友都有缺點，但總體而言是可以接受、值得喜愛的。然而，我們不能容忍他們也以同樣的態度對待我們。我們期望他人認為我們與別人不同，乃是完美無缺的人。當我們不得不承認自己有缺點時，我們往往把這一個明顯的事實看得過於嚴重。沒有人是完美無缺的，也不應因為自己不完美而感到煩惱。

迫害妄想的病根在於過度誇張自己的價值。假定我是一個劇作家，在所有無偏見者的眼中，我顯然是當代最傑出的劇作家。然而由於某種原因，我的劇本很少上演，即便上演，也不成功。這種奇怪的情形該如何解釋呢？顯而易見，是經理、演員和評論家由於某些原因聯合一起跟我作對。當然，其原因使我感到無上榮光：我曾拒絕向戲劇界的大人物屈膝，我不願意奉承評論家，我的劇本含有許多能夠擊中要害的真諦，凡被擊中者，肯定受不了。正因如此，我的超凡價值才難以得到承認。

還有從來不能讓人對他的發明價值有所檢驗的發明者：製造者墨守成規，不理會任何革新，而少數進步人士又擁有他們自己的發明者，因此總是不讓未成名的天才加入；尤其令人費解的是，那些學術團體竟將你的手稿遺失，或原封不動地退回來；向他抗議又總是沒有下文。這種情形該如何解釋呢？顯然有些人密切勾結著，想把發明所帶來的利益在自己內部瓜分；那些不跟他們一夥的人則無人問津。

然後還有一種心懷不滿的人，他的不滿的確有事實根據，但他把自己的經驗推廣開去，認定他個人的不幸提供了了解世界的鑰匙；例如，他發現了一些有關祕密組織的黑幕，但為了政府的利益，這些黑幕歷來是祕而不宣的。他無法公布自己的發現，連最高尚的人物也袖手旁觀，不肯來糾正令他義憤填膺的劣行。至此，事實與他所說的並無出入。但是他所遇到的挫折給他的印象之深，他確信一切當權者都在全副身心地致力於掩蓋罪惡，因為這是他們的權勢之所在。由於他的觀察確有真實之處，所以他的這種信念特別牢固；他親身經歷的事情所給他的印象之深，自然要超過他沒有直接經歷的大多數事情。這使他產生錯誤的判斷，以至於太重視那些也許是例外而非典型的事實。

另一類常見的迫害妄想的犧牲品，是某種慈善家，他總是違反對方的意志而施惠於人，一旦發現人家並無謝意，便感到驚訝與憤然。我們從善的動機很少能像我們所想像的那麼純潔。權力欲總是在暗中為害；它有許多偽裝，並且常常成為我們對人行善時的快樂之源。行善之舉還常摻有其他成分。對人「行善」通常總是要剝奪他人一些快樂：或是飲酒，或是賭博，或是遊手好閒等等。在這種情況下就會摻有典型的社會道德成分，即我們為保持朋友的尊敬而不得不避免的罪惡，他們倒可以去做，這使我們不免產生忌妒。例如，那些投票贊成禁煙法（這種法律在美國的若干州裡曾經或依然存在）的人，顯然不是抽菸者，因此別人從煙草中得到的樂趣，對他們而言則是痛苦之源。如果他們希望從前的煙鬼們能派代表來感謝他們幫助自己擺脫惡習，那他們一定會失望的。於是他們便會想，自己為了大眾的幸福獻出了一切，而那些最應當感謝他們的人，竟是最不懂得感謝的。

同時的情形也見諸於女主人對女僕的態度，因為女主人總有保護女僕的道德責任。但現在主僕的問題變得十分尖銳，以致對女僕的這種慈愛態度也越發少見了。

在政界也有類似的情形發生。政治家逐漸集中所有的精力，以期達到一個崇高的目標，這使他摒棄安逸，進入公共生活的領域，當人們轉而反對他的時候，他會對人們的無情感到吃驚。他從未想到他的工作除了為公以外還有別的動機；從未想到控制局勢的樂趣的確在一定程度上激助他的活動。講壇上和黨報上慣用的話術在他心目中逐漸變成了真理，同一黨派的華麗詞藻也被他誤認作動機的真正分析。在社會拋棄他之後，大失所望且充滿厭惡的他也會拋棄社會，並且後悔自己竟做了一件像追求公眾利益那樣費力不討好的事情。

上述例證引出四條概括性的格言，如果這些格言的真諦被充分理解，則足以防止迫害妄想的出現。第一條是：記住你的動機並不像你想像的那麼有益於他人。第二條是：不要過度高估你自己的價值。第三條是：不要期望他人能像你那樣注意你。第四條是：不要以為多數人都在設法迫害你。我將依次解釋這些格言。

懷疑自己的動機對慈善家和行政官員尤其必要。這類人總在想像世界或世界的某部分應該如何發展，他們覺得，如果自己的設想得以實現，將給人類或某範圍的人們帶來恩惠。然而，他們沒有充分認識到，那些受其行為影響的人也有同樣的權利來想像所需要的社會。當權者確信他的想像是對的，而認為相反的想像就是錯的。但是這種主觀的判斷並不能證明他在客觀上也是正確的。何況他的信念往往只是一種偽裝，其實質是他看到自己帶來的變化而感到快慰。除了權力欲之外，還有另一種動機，那就是虛榮心，它在這類情形中的作用是強而有力的，擁護議會的理想主義者——在此我是根據經驗說的——聽到選民譏笑他只是渴望在名字前加上「國會議員」的頭銜，一定會感到吃驚。當競選結束之後，如果有時間想一想，他會發現選民的譏笑也許不無道理。理想主義給簡單的動機穿上奇特的外衣，因此現實中某些玩世不恭的譏笑對我們的政治家非常適合。傳統道德總在向人們灌輸利他主義，其程度是人類天性難以達到的，而那些以美德自居的人卻常常自視達到這個別人無法企及的理想，甚至最高尚者的絕大多數行為也具有利己的動機，但這也並非令人遺憾，因為若不如此，人類便無法生存。一個總是關心他人進餐而忘了自己進餐的人，定會餓死。當然，他可能只是為了使自己獲得與邪惡爭鬥所必需的能量而進餐，但以這種動機吃下去的食物能否消化，尚屬疑問，因為如此刺激出來的唾液是不夠的。因此，一個人為了口福而進餐，要比為了公眾利益而進餐好得多。

飲食的道理也適用於所有其他一切事情。無論做什麼事情，只有借助於一定的興趣才能勝任，而興趣若無某種利己的動機，則很難產生。從這個觀點出發，我將那種關心在生物上與己相關者的動機，如保護妻子兒女免遭傷害的衝動，他納入利己的動機之列。這種程度的利他主義是正常人性的組成部分，但傳統道德所宣揚的那種程度並不是，而且絕少真正達到。因此，那些希望能以自己的美德為自豪的人不得不說服自己相信，他們已經達到了那種不大可能達到的無私程度，結果追求聖潔的努力便與那種極易導致迫害妄想的自我欺騙聯合起來。

四條格言中的第二條，既不要過於高估自己的價值，在涉及道德的那方面，我們之前已說過那些話了。但是道德以外的價值同樣不可高估。劇本始終不受歡迎的劇作家，應當冷靜考慮它們是壞劇本的假設；他不應認定這種假設不能成立。如果他發現這個假設與事實相符，他應當像運用歸納法的哲學家一樣去接受它。誠然，歷史上確實有懷才不遇的例子，但比魚目混珠的例子要少很多。如果一個人是時代不予承認的天才，那麼他不顧他人漠視而堅持自己的道路是完全正確的。另一方面，如果他是一個虛榮又自大的無能之輩，那他還是不堅持為好。如果一個人因創造了不受賞識的傑作而苦惱，則無法知道他屬於兩者中的哪一種。如果你屬於前者，你的堅持是悲壯的；如果你屬於後者，你的堅持便是荒唐的。如果你認為自己是天才，而你的朋友們卻都不以為然，則有一個雖不絕對可靠但卻極有價值的檢驗法可以應用。那個檢驗法是這樣的：你進行創作是因為你感到迫切需要表達某些觀念或情感呢，還是出於對讚美的渴望？就真正的藝術家而言，對讚美的渴望儘管很強烈，但畢竟處於第二位，這就是說，藝術家願意創造某種作品，並且希望那作品受到讚美，但即使沒有得到讚美，他也不會改變他的風格。而另一方面，那種以渴望讚美為基本動機的人決無內在的力量促使他去尋求一種特殊的表現，因此他做此事與做某種截然不同的事情毫無二致。這種人若不能憑自己的藝術贏得讚美，還是作罷為好。一般說來，無論你從事何種專業，如果你發現他人評價你的能力不像你自己評價的那樣高，千萬不可斷定錯誤的是他們。如果你這樣想，也許就會輕易相信人們在密謀貶低你的價值，而這種信念就會成為不快樂的根源。承認你的價值不如你所希望的那麼高，也許一時之間可能很痛苦，但這是有窮盡的痛苦，等它過去之後，快樂的生活又會成為可能了。

我們的第三條格言是，不要對別人期望過高，而苛求別人。生病的母親常常會期望至少有一個女兒可以完全犧牲自己，甚至犧牲她自己的婚姻來陪伴她。這是期望別人具有不合理的利他之心，因為利他主義者的損失，比利己主義者的收獲更大。在你和他人的一切交往中，尤其是和最親近者的交往中，重要而又不易做到的是，要記住他們是從他們自己的角度，而不是從你的角度去看待人生。不應指望任何人會為了他人而改變自己的生活。有時可能也會有一種強烈的情感使最大的犧牲出於自然，但若不是出於自然，就不該做此種犧牲，而且誰也不應因此而受責備。人們對他人的抱怨，往往只是天生的私心對超出正常範圍貪心的合理反應。

我們所提到的第四條格言是，別人對你的考慮總是會少於你對你自己的考慮。迫害妄想患者總以為所有人每時每刻都在設法傷害他這個可憐，其實他們有他們自己的事情和興趣。同樣，迫害妄想症較輕的人也以為人家的一切行為都與自己有關，而其實不然。當然，這種念頭使他的虛榮心得到滿足。假如他是一個相當偉大的人物，這也許是真的。在許多年裡英國政府的行動都是為了遇到拿破崙。但若一個小人物猜想別人總在算計他，則純屬瘋子之舉。假設你在某次宴會上發表了一篇演說，另幾位演說者的照片出現在報刊上，而你的則不然。這應如何解釋呢？顯然不是因為別的演說者被認為比你重要，而是因為報社的編輯特意吩咐不讓你露面。可是他們為何要這樣吩咐呢？顯然是因為他們懼怕你，由於你極端重要的地位。如此一想，你的照片的未被採用，不但不是輕視反而是一種變想的恭維。但是這種自欺並不能使你獲得穩定的快樂。你內心裡知道事實完全相反，並且為了盡量瞞住你自己，你不得不發明越來越荒唐的假說。強迫自己相信這些假說，勢必要花費很大的精力。況且由於這些假說含有這樣一種信念，即是你是社會普遍仇恨的對象，它們只是透過讓你忍受一種十分痛苦的感覺，即你與整個社會對立，來保全你的自尊。建立在自欺之上的滿足是不穩定的，而真理無論是何等的令人難受，還是最好正視它，習慣它，並依照它去建立你的生活。

〈第九章〉
輿論恐懼症

如果人們的生活方式和世界觀不能被與他們有社會關係的人所接受，尤其是與他們共同生活的人所接受的話，那麼很少有人能快樂起來。這是現代社會的一個特色。現代社會在道德和信仰方面都存在深刻的差別。這種情形始於基督教改革運動，也許應該說始於文藝復興，自此之後，分化就愈來愈顯這了。先有新教徒和天生教徒之分，他們不僅在神學上，而且在許多具體事物上都有分歧。再有貴族和資產階級之分，前者可以允許的各種行為，後者是不能容忍的。後來又出現了自由主義學派和自由思想家，他們不承認宗教儀式的義務。今天在整個歐洲大陸，社會主義者和其他人之間有著深刻的分歧，不僅限於政治，而且涉及生活的各個領域。在用英語的國家裡，派別多得數不勝數。在某些團體裡，藝術備受讚賞，而在另一些團體裡，卻被視為邪惡，尤其是現代藝術。在某些團體裡，效忠帝國是最高的美德，而在另一些團體裡卻被視為罪惡，還有一些團體把它當成愚蠢之舉。正統的人把通姦看作罪大惡極，但很多人則認為通姦即使不足恭維，至少也是可以原諒的。在天主教徒中，離婚是絕對禁止的，但多數非天主教徒則將其視為婚姻的必要補充。

由於這些不同的看法，一個有某些興趣與信念的人在這個團體可能覺得自己是個遭唾棄者，但在另一個團體裡卻被視為極其普通的事。許多的不快樂，尤其是青年人得不快樂，就是這樣引起的。一個青年男子或女人接受了某些觀念，但又發現這些觀念在他或她所處的特殊環境中是被詛咒的。青年人容易以為他們所熟悉的唯一環境代表了整個世界。他們很難相信，他們怕被視為墮落而不敢承認的觀點，在另一個團體或另一個地方竟是司空見慣的事。許多不必要的苦難就是由於對社會的無知而忍受的，有時僅限於青年時期，但終生忍受的也不少。這種孤立不僅僅是痛苦之根源，甚至還要浪費許多精力去應付充滿敵意的環境以維持精神上的獨立，這種孤立無援十之八九會使人產生，不敢貫徹自己的思想以達到合理的結局。勃朗特姐妹在其作品發表之前從未遇到意氣相投的人。這對於具有大家風度的、勇敢且氣質高貴的艾蜜莉・勃朗特（Emily Jane Brontë）雖然沒有影響，但對於雖有才華，然其世界觀在很大程度上仍擺脫不掉家庭教師程度夏洛蒂・勃朗特（Charlotte Brontë）卻不然。像艾米麗・勃朗特一樣，布萊克也生活在精神極度孤獨之中，但他也像她一樣有足夠的勇氣戰勝孤獨的不良影響，因為他確信自己是對的，而批評他的人是錯的。他對公眾輿論的態度體現在下列詩句中：

我認識的人當中唯一不讓我作嘔的，
是弗賽利：他既是土耳其人又是猶太人。
噢，我親愛的基督徒朋友，
你們又能怎樣做？

但在內心生活中具有這等毅力的人是不多的。稱心的環境幾乎對所有人的快樂都是必須的。當然，對大多數人來說，他們的確處於稱心的環境中。他們年輕時便接受了流行的偏見，並且本能地適用了周圍的信念與習俗。但是對於少數人，實際上包括一切有知識、懂藝術的人，這種默認的態度則是不可能的。例如，一個生在鄉村小鎮裡的人很早就發現，凡是為智力發展所必須的東西全都遭人敵視。如果他要讀一些嚴肅正經的書，別的孩子就會瞧不起他，教師則告訴您這類書是在蠱惑人心。如果他關心藝術，同伴們就認為他沒有氣慨，長輩們則認為他不道德。如果他渴望成就一番事業，無論那事業如何體面，只要在他所屬的那個階層是罕見的，人們便說他不知天高地厚，並說適合他父親的事業應當才適合他。如果他批評父母的宗教信仰或政治主張，他很可能處於十分不利的境地。由於所有這些理由，對於多數具有特殊能力的青年男女，青少年時期是一個極不快樂的時期。對於他們較為普通的同輩而言，這或許是一個快活和享受的時期，但對於他們自己來說，他們需要一些更嚴肅深刻的東西，而這在他們特定的社會團體裡，無論在長輩或平輩身上都是找不到的。

這類青年進入大學時，或許能發現一些志趣相投的人，過上幾年快樂的時光。如果運氣好，他們離開大學之後，可以找到一項令他們感覺志趣相投的工作；一個住在像倫敦或紐約那樣的大城市裡的知識份子，通常總可以找到一個興趣相投的團體，在那裡不需要約束或偽裝。但若他的工作迫使他生活在一個較小的生活圈，尤其當他不得不對普通人保持尊敬時，例如醫生和律師就是如此，那麼他可能始終都得對他每日遇見的大多數人隱瞞他真正的嗜好和信仰。這在美國尤其如此，因為這個國家幅員遼闊。在你最意料不到的地方，東、南、西、北都會發現有一些孤獨的人，他們從書中得知在一些地方他們不會感到孤獨，但他們沒有機會在那裡生活，連交心的機會也很少很少。在這種情況下，凡是性格不像布萊克和艾米麗・勃朗特那樣堅強的人，斷不能享受到真正的快樂。若要使真正的快樂成為可能，則必須找到一些方法來減輕或避開公眾輿論的專橫，那些少數才華洋溢的人才能借助這些方法互相了解，並從中體會到志同道合的快樂。

在很多情況下，不必要的膽怯往往使煩惱變得更嚴重。輿論對於那些顯然懼怕它的人，總比對那些泰然處之的人更為專橫。狗對於懼怕牠的人，總比對藐視牠的人叫得更大聲而且更想去咬他。人類也有類似的特點。若你顯得恐懼，他們便會窮追不捨，若你不去理睬，他們便會懷疑自己的力量而退避三舍。當然，我所說的並不是極端的蔑視。如果你在加利福尼亞堅持在俄羅斯流行的觀點，或在俄羅斯堅持在加利福尼亞流行的觀點，你一定會自食其果的。我指的不是這種極端的行為，而是溫和得多的、有悖習俗的行為，如衣著不合時尚，或不參加某些教會活動，或執意閱讀某些理論的書籍。這一類行為若出於溫和與無拘無束的態度，出於自然而非抗爭的情態，即使最拘泥於傳統的社會也會容忍。久而久之，你便可能被公認為狂人，於他人不可原諒的行為，於你全無禁忌。這主要是性情溫和與態度友善的問題。守舊的人所以對背棄傳統怒不可遏，主要是因為他們將這種背棄視為對自己的非議。如果一個人和悅、友善到足以使極愚蠢的人都明白他的行為並無指責他們的意思，那麼很多有悖傳統的事都會得到諒解。

然而，這種逃避指責的方法對於那些因興趣或觀點而失去人們同情的人而言，是不能奏效的。他們因缺少同情而忐忑不安，因此十分好鬥，即使他們表面上順從或極力避免尖銳的衝突，也是枉然。因此，凡與本團體的習慣不和諧者，易於動怒和不安，缺少良好的心境。當他們轉入另一個團體，在那裡他們的觀點不被覺得奇怪時，他們的性格好像就會完全改變。他們會從嚴肅、羞怯、消沉轉變為快樂與自信；從固執轉變為隨和；從自我封閉轉變為善於交際。

因此，凡與周圍的環境不融洽的青年人，就應當盡可能選擇一件有機會遇到志趣投合的工作，哪怕因此而大大減少收入。他們往往不知道這是可能的，因為他們的社會知識十分有限，很容易把他們在家裡所習慣的偏見誤認為普遍如此，在這方面，老一輩的人應該能給青年人很大的幫助，因為豐富的社會經驗實屬必要。

在這個盛行精神分析的時代，當年輕人與環境不融洽時，人們總是認定原因在於某種心理上的紊亂。我認為這是完全錯誤的。假定一個青年人的父母確信進化論是異端邪說，在這種情形，唯有智慧才會使他與其父母不同。與環境不合，當然是一種不幸，但並非總是一種必須不惜任何代價去避免的不幸。當周圍充滿愚昧、偏見和殘忍的時候，與這種環境不合倒是一種有道德的體現。上述特點幾乎在所有的環境都有某種程度的存在。伽利略和克卜勒（Johannes Kepler）都有過「危險的思想」，而今日的有識之士也大都如此。我們不應希望社會輿論能強大到使這些人懼怕自己的見解所引起的社會仇視。所應希望的倒是找到辦法將這些仇視的作用盡量減弱。

在現代社會裡，這個問題主要發生在青年人。一個人一旦選擇了適當的事業，進入了適當的環境，便能基本上免受社會的迫害，但是當他年輕而他的價值未經檢驗時，他很可能受無知者的擺布，這些無知者自視有資格評估一無所知的事情，若是有人說年青人比有著豐富社會經歷的他懂得更多，他們便會感絕受了侮辱。許多終於擺脫掉無知者束縛的年輕人，經過那麼艱苦的抗爭，受過那麼漫長時間的壓迫，以致最後變得滿腔悲憤，精力受挫。有一種安慰人的理論，就是天才總有出頭之日，許多人便是根據這種理論認為對青年精英的摧殘並無大害。但我們沒有任何理由接受這種理論。它很像兇手總會暴露的理論。顯而易見，我們所知道的兇手都是暴露的，但誰知識沒有暴露的兇手又有多少？同樣，我們所知道的天才全都戰勝了逆境，但毫無理由說無數的天才不是早在青年時代就被毀掉了。這不僅僅是天才問題，也是人才問題，因為人才對於社會同樣重要。這也不僅僅是擺脫逆境的問題，亦是擺脫出來時心中不悲憤，精力不受挫的問題。由於上述原因，青年人的成長道路不可過於曲折。

老年人以尊重的態度面對青年人的願望是可取的，而青年人用尊重的態度對老年人的願望則不可取。理由很簡單，上述兩種情形中，所涉及的是青年人的生活，而不是老年人的生活。當青年人企圖去安排老年人的生活時，例如反對寡居的父親或母親再婚，其荒謬程度並不亞於老年人企圖去安排青年人的生活。人不分老少，一旦進入成年，自有選擇的權利，必要時甚至有犯錯誤的權利。青年人若在重大問題上屈服於老年人的壓力，那便是錯誤的。假設你是一個想當演員的青年人，而你的父母表示反對，其理由或是舞臺生涯不道德，或是演員的社會地位低微。他們可能會給你施加各種壓力；他們可能說你若不從便將你趕出家門，可能說幾年之內你定後悔，也可能舉出一連串可怕的例子，述說某些青年人莽撞地做了想做的事，結果落得一個可悲的下場。當然，他們認為舞臺生活不適合你，也許是對的，也許你沒有演戲的才能，也許你的嗓音不夠柔美。然而，如果真是這樣，你很快便會從藝人那裡了解到這一點，那時你還有充分的時間改行。父母的論據不該成為使你放棄企圖的充分理由。如果你不顧他們的反對，竟自實現了你的願望，他們不久之後就會轉變態度，而且轉變之快，遠出於你和他們的意料之外。另一方面，如果有專家的意見勸阻你時，事情就不同了，因為初學者永遠應該尊重專家的意見。

我認為，撇開專家的意見不談，人們對於他人的意見總是過於重視，無論大事、小事都如此。人們尊重輿論應以避免挨餓與入獄為限，越過了這個界限，便是自願對不必要的專制屈服，而且很可能會在各個方面干擾你的快樂。現以花錢問題為例。很多人的花錢方式與他們的天性背道而馳，而這僅僅是因為他們認為周圍所有人的敬意全取決於他們擁有一輛豪華的汽車以及他們能夠大擺宴席。事實上，凡是顯然能夠購買汽車，但卻寧願旅行或藏書的人，結果一定比仿效他人更能受人尊敬。當然，這並不是有意輕視輿論；這依然處於輿論的控制之下，雖然其方式恰恰顛倒。但是，真正藐視輿論的，卻既是力量又是快樂之源。一個由不過分屈服於習俗的男女組成的社會，要比大家行動一致的社會有趣得多。凡個性獨立發展的地方，便存有不同類型，並且也值得結交新人，因為他們不是我們早已熟知者的複製品。這曾是貴族社會的優點之一，因為地位完全取決於出身，行為便不會整齊劃一。在現代社會，我們正在失去這種社會自由的源泉，因此應當充分認清整齊劃一的危險性。我並不是說人應當故意行為古怪，那和循規蹈矩同樣無聊。我只是說人應順其自然，應當在不是明確反社會的範圍內，遵從自己的天性。

現代社會由於交通便利，人們不像從前那樣必須依賴地理上最接近的鄰居了。有汽車的人可以把住在二十英哩以內的任何人當作鄰居。因此，他們選擇朋友的自由較之前要大得多。在人口密集的地方，一個人若不能在二十英哩以內覓得知音，一定是非常不幸的。在人煙稠密的大城市，一個人應當認識近鄰的觀念已消失，但在小城鎮和鄉村依然存在。這已成為一個愚蠢的觀念，因為我們已無須與近鄰做伴。根據氣質而不是僅僅根據地域選擇朋友，越發成為可能。快樂是由品性相仿、觀念相同者的結合增進的。社交有望沿著這一路線不斷發展，並且那種正折磨著眾多不合傳統者的孤獨也有望因此而逐漸減少，甚至歸於消滅。毫無疑問，這將增加他們的快樂，但這當然也將減少那些殘忍的循規蹈矩者的快樂，因為他們是以迫害不合傳統者為樂的。然而我並不認為這是一種需要大力保護的快樂。

對輿論的畏懼如同其他形式的畏懼一樣，是折磨人和阻礙發展的。如果這種畏懼始終強烈，那便很難取得任何偉大的成就，並且也無法獲得真正快樂所依賴的精神自由，因為對於快樂而言，至關重要的是，我們的生活方式應當源於我們內心的衝動，而不是源於我們的鄰居或親屬的偶然興趣和欲望。對於近鄰的恐懼無疑已比往日為少，但又出現了一種新的恐懼，那就是對於報紙的恐懼。其害怕程度絲毫不在中世紀時的政治迫害之下。當報紙將某個也許完全無辜的人選做替罪羊時，結果是十分可怕的。幸而迄今為止，多數人還能因默默無聞而逃脫此運；但隨著宣傳方式的不斷完善，這種新的社會迫害也有日益增加的危險。這件事情嚴重之極，受害者決不能以藐視置之，無論人們對新聞自由這個大原則如何看，我認為自由的限度必須比現存的誹謗法有更明確的規定，凡使無辜者難堪的行為一律禁止，即使是人們實際上的所作所為也不應以惡意的口吻去發表而使當事人受到公眾的鄙視。然而，最終克服這一弊端的唯一方法，還是在於增加公眾的寬容度。增加寬容度的最佳辦法乃是使真正快樂的人增多，因為唯有這種人才不會以迫害同胞為樂。

下部　快樂的原因

〈第十章〉快樂還可能嗎？

至此，我們一直在討論不快樂的人；現在我們有了較為輕鬆的話題，那就是討論快樂的人。一些朋友的談話和著作幾乎使我斷言，快樂在現代社會裡是不可能的。然而，透過自我省思、國外旅行，以及與園丁交談，我發現我的這種觀念正趨於消失。前面我已經討論了我的文人朋友的不快樂；在這一章裡，我想對我生活中遇到的快樂者做一番考察。

快樂的種類雖然很多，但是主要有兩種。我所說的那兩種也許可以分為現實的和想像的，或精神的和肉體的，或情感的和理智的。這些名稱中應當選擇哪一個，當然取決於你所要論證的題目而定。現在我並不要論證什麼題目，只是想做一番描寫。要描寫這兩種快樂之間的不同點，最簡單的方法大概是說：一種是人人都可獲得的，另一種只有能讀會寫的人才可獲得。我小時候認識一個以掘井為業的人，他總是很快樂。他長得十分高大，肌肉非常發達；他既不能讀也不會寫，一八八五年，當他拿到一張國會選票時，他才首次知道有這樣一種制度。他的快樂並不源於智力，也沒有賴於信仰自然法則，或信仰物種進化論，或公物公有論，或耶穌再生論等知識分子認為享受人生所必須的任何信念。他的快樂是由於健壯的體格，充分的工作，以及克服在穿石挖井方面的克服困難。我的園丁的快樂也屬於這一類；他始終致力於消滅兔子的戰爭，提起牠們時的口吻活像倫敦員警廳提起布爾什維克；他認為兔子狠毒、狡猾、凶殘，只能以其人之道還治其人之身。好似神殿裡的英雄們每天都要獵得一頭野豬，他們晚上消滅的野豬第二天早上又會奇蹟般地復活；我的園丁每天也要殺死他的敵人，但卻從不擔心那敵人第二天會消失。雖已年逾七十，他每天都要幹活一整天，騎著自行車來回要走十六英哩山路，但他的快樂無窮無盡，而快樂的來源就是「這些兔子」。

但是你也許會說，這些簡單的樂趣對於我們這類上等人是不起作用的。與兔子般弱小動物作戰，能有什麼快樂可言？我認為這個論點是荒謬的。一隻兔子要比一個黃熱病的桿菌大得多，然而一個上等人仍在與後者的交戰中找到快樂。就情感的內容而論，和我的園丁的樂趣完全相同的樂趣，也能為受過最高等級教育的人所領受。教育所造成的差異，僅在於藉以獲得這些樂趣的活動。成就上的樂趣要求有各種困難，事先似乎並無成功之望，但最後終於成功。這也許就是不高估自己的能力乃為幸福之源的主要原因。低估自己的人總是因成功而吃驚，高估自己的人則總是因為失敗而吃驚。前一種吃驚是愉快的，後一種吃驚是不愉快的。因此，不過分自負是明智的，雖然也不可過分自卑以致喪失進取心。

在社會上受過高等教育的人當中，目前最快樂的人當屬科學家。他們當中的最傑出者，很多都是感情簡單的人，他們往往從工作中獲得極大的滿足，以致能從飲食甚至婚姻中感受到愉快。藝術家和文化人認為他們在婚姻中不愉快是必然的，但是科學家卻往往能接受舊式家庭之樂。這是因為他們的智慧已完全集中在工作上，無暇闖入他們不起作用的領域。他們在工作中是快樂的，因為在現代社會裡科學是進步的、有權力的，因為科學的重要性無論內行、外行都是深信不疑。因此，他們不需要複雜的情感，既然簡單的情感也不會遇到障礙。情感上的複雜性很像河水中的泡沫。當障礙破壞了平靜的水流時，泡沫才會產生。但是只要生命力不受阻礙，表面上便不會掀起波浪，而且生命力的強大在粗心大意者的眼裡也不明顯。

快樂的一切條件在科學家的生活中全都實現了。他的活動使他的能力得以充分的應用，他所取得的成就不但對他自己顯得重要，甚至連茫然無知的大眾也感到重要。在這方面，科學家要比藝術家幸運。當人們無法理解一幅畫或一首詩時，他們就斷定那是一幅不好的畫或一首不好的詩。當人們無法理解相對論時，他們卻（正確地）斷定自己所受的教育不夠。因此，愛因斯坦受到尊敬，而最出色的畫家卻在頂樓挨餓（至少過去如此）；於是愛因斯坦快樂，而畫家們不快樂。在生活裡只靠自己的主張來對抗群眾的懷疑，這很少有人能真正快樂，除非他們能把自己封閉在自己的小圈子裡，忘掉冷酷的外部世界。科學家不需要自己的小圈子，因為除了自己的同事之外，他們受到所有人的敬重。相反之，藝術家則總是處於苦惱的境地，因為他必須在被輕視或變得卑鄙之間做一選擇。如果他的能力是第一流的，他則必須蒙受其中一種不幸——如果施展自己的能力，他就成為前者；如果不施展自己的能力，他就成為後者。情況並非時時處處如此。有些時代，即使是好的藝術家，即使他們很年輕，也會受到尊重。儒略二世（Julius II）雖然虐待過米開朗基羅（Michelangelo），但從未認為他不能作畫。現代的百萬富翁雖然可能向已喪失能力的老藝術家提供大量資助，但從不認為他們的工作與自己的同等重要。也許就是這些情況造成了藝術家通常不如科學家快樂的事實。

我認為，必須承認的是，西方各國知識階層青年人的不快樂往往是由於他們的才華得不到應有的施展。然而在東方各國，情況就不同了。今日在俄國知識青年也許比在世界上任何地方都要快樂。他們在那裡有一個嶄新的世界要創造，並且還有與創造這個世界完全一致的熱烈信仰。老朽被處決了，餓死了，放逐了，或者用別的什麼方法消毒過了，結果使得他們不能像在西方各國那樣，再強迫青年人要麼去做壞事，要麼無所事事。在世故的西方人看來，我國青年的信仰可能顯得不成熟，但這究竟有什麼害處呢？他們正在創造一個新世界；這個新世界將會符合他們的需要；這個新世界一旦建成，幾乎必定會使一般的俄國人比在革命前更快樂。它也許不是世故的西方知識分子能夠感到快樂的世界，但他們並不非得在那裡生活。因此，無論進行何種實用主義的考察，俄國青年的信仰都是正當的；至於譴責它不成熟，也只能是在理論上成立。

在印度、中國和日本，外部的政治形勢總是牽涉到青年知識分子的快樂，但是並沒有西方所存在的那種內部障礙。有些活動在青年眼中顯得十分重要，只要這些活動成功，青年便感到快樂。他們覺得自己在國家的生活中扮演著重要的角色，並且追求著許多雖然困難但卻並非不可實現的目標。在西方受過高等教育的男女之間，玩世不恭是十分普遍的，它是安逸與軟弱的混合產物。軟弱使人感到沒有事情值得去做，而安逸又使得這種痛苦的感覺變得能夠承受。在東方，大學生有望對公眾輿論施加較之在西方更多的影響，但是他們獲得物質收入的機會卻較之在西方要少得多。這些大學生既不軟弱也不貪圖安逸，於是成了改革者或革命者，而不是玩世不恭的人。改革者和革命者的快樂取決於公共事業的進程，但即使當他們被處決時，他們享受到的快樂也許仍比那些貪圖安逸的玩世不恭更為真切。我記得有一個年輕的中國人參觀過我的學校，他準備回國之後在一個保守的地區建立一所類似的學校。他當時就料到辦學的結果是會掉腦袋的。然而，從他身上所感受的恬靜之樂令我羨慕不已。

雖然如此，我並不想說這類高檔次的快樂是唯一可能的快樂。事實上，這類快樂只能為少數人獲得，因為它們需要某種特殊的才能和廣泛的興趣。能從工作中得到快樂的人並非僅限於傑出的科學家，而能從宣傳某種主張中得到快樂的人也並非僅限於政治領袖。工作之樂，任何一個能施展某種特殊技巧的人都能獲得，只要他無須人們的讚賞也能在運用技巧方面得到滿足。我認識一個自幼就失去雙腿的人，他在自己漫長的一生中始終保持著恬靜之樂。他能做到這一點，是靠著撰寫一部關於玫瑰害蟲的五卷巨著，我始終認為他是這方面的權威。我認識的貝殼學者不多，但從與他們熟悉的人那裡了解到，貝殼的研究的確使他們得到滿足。我認識世界上最好的作曲家，所有致力於藝術創造的人都知道他；他的快樂並非來源於他人的敬重，而是因為追求這項藝術的本身就是快樂，正像出色的舞蹈家從舞蹈中獲得快樂一樣。我還認識一批作曲家，他們對數學、劇本、楔形文字或其他與作曲無關的艱深東西很有研究。我不知道這些人的私生活是否快樂，但在工作時間裡，他們建設性的本能確實是完全滿足了。

人們常說，在這個機械的時代，工人在技術工作中所能感受到的快樂已遠不如前。我不敢斷言這種說法是對的：誠然，今日技術工人所做的工作與中古時代匠人所做的工作已截然不同，但是他們在機械經濟中所占的地位依然十分重要。有做科學儀器和精密機床的工人，有繪圖員，有飛機技師，駕駛員及無數其他行業的人可以無限制地發展技巧。就我以往的觀察發現，在相對落後的社會裡，農業勞動者和鄉下人往往不如駕駛員和機械師快樂。的確，一個自耕農的勞動是多種多樣的：耕地、播種、收割。但是他們受制於各種因素，很明白自己的從屬地位，而那些操縱著現代化機床的人卻具有一種權力感，意識到人是自然力的主人而不是奴隸。當然，對於大多數機械工人來說，反覆地做一些極少變化的機械動作，的確是一件非常乏味的事，但是工作越乏味，便越可能用機器操縱。機械生產的最終目標——誠然，我們目前還差得很遠——是建立一種機制，使一切乏味之事都有機器去做，人類只承擔那些需要變化和創造的工作。在這樣一個社會裡，工作的無聊與乏味，將會比人類從事農耕以來的任何時代都大為減少。人類在從事農業時便決定接受枯燥無味與煩悶的勞動，以減少饑餓的危險。當人類以狩獵為生時，工作是一件樂事，正如人們所看到的那樣，富人仍在從事祖先的狩獵行為為樂的現象中得到證明。但是隨著農業的生產，人類進入了長期的粗俗、悲慘和狂妄之中，只是到了合理使用機械的時候才得以解脫。提倡人與土地的接觸，提倡哈代（Thomas Hardy）筆下有智慧的農民的世故成熟，很符合感傷主義者的口味，但是鄉下的年輕人全都渴望在城裡找一份工作，在那裡他們可以逃避風雪的侵襲和嚴冬的寂寞，進入到工廠和電影院那撫慰心靈且富有人情味的氛圍中。夥伴與合作是一般人快樂的要素，而這些在工業中所能獲得的要比在農業中充分得多。

對於某項事業的信仰是大多數人的快樂源泉。我不光想到被壓迫民族裡的革命者、社會主義者和民族主義者，我還想到許多更為卑微的信仰。據我所知，凡相信英國人就是英格蘭當年失蹤的十支部族的後裔，幾乎是快樂的，至於相信英國人只是以法蓮（Ephraim）和瑪拿西（Manasseh）的部落的人，他們的快樂也是無窮無盡的。我並不是暗示讀者去接受這種信仰，因為我不能為建立在偽信仰之上的快樂作辯護。同樣，我也不能勸讀者相信人應當單靠自己的信念去生活，雖然就我的觀察而言，這種信念的確能給人帶來極大的快樂。但是要找到一些不是異想天開的事情也不難，只要對這種事情真的有興趣，一個人在空閒時就心有所歸，不再覺得生活空虛了。

和沉溺於某些晦澀的問題頗為相似的，是醉心於某項嗜好。當今最傑出的數學家之一總是把他的時間平均分配在數學和集郵兩件事情上。我猜想當他在前者沒有進展時，後者一定給他帶來安慰。集郵所能治療的憂傷，並非僅限於驗算數學定理上的困難，可以搜集的東西也不僅限於郵票。試想，當古瓷、鼻煙壺、羅馬貨幣、箭簇和石器進入你的腦海時，眼前的景色會使你多麼欣喜不已。誠然，我們當中的許多人太「出色」了，無法接受這些簡單的樂趣。我們兒時都曾經歷這些東西，但由於某種原因，我們已認定它們對大人失去價值了。這完全是錯誤的；任何無損於他人的樂趣都是有價值的。就我本人來說，我是「收集」河流的：我的樂趣是沿窩瓦河（Volga River）而下，順長江而上，並以尚未到見南美的亞馬遜河和奧里諾科河（Río Orinoco）為憾。這種情感雖十分簡單，我卻並不為此感到羞恥。你還可想想棒球迷們的狂喜：他們急切地留心著報紙，棒球轉播也給他們帶來強烈的刺激。我至今仍記得和美國一位出色的文學家初次相見時的情形，因為從他的書中我一直以為他是一個非常憂鬱的人。但是恰巧當時從收音機中傳出棒球比賽的最終結果；他忘了我，忘了文學，忘了人生的一切煩惱，為他喜愛的球隊贏得勝利而高興得歡呼起來。從此以後，當我讀他的著作時，不再為他筆下人物的不幸而悶悶不樂了。

然而，嗜好在大部分，也許是在絕大多數的情況下，並不能成為基本快樂的來源，而只是逃避現實的一種手段，令人暫時忘卻那難以正視的痛苦。根本的快樂主要有賴於那種或可稱之為對人和物的友善關懷。

對人的友善關懷是愛的一種形式，但不是想抓住、想占有、想得到回報的那一種。那一種往往是不快樂的根源。促進快樂的那種興趣，是喜歡觀察別人，在他人的個性中找到歡樂，願意使與自己來往的人有機會感到興趣和愉快，而不是想去支配他們或要求他們熱烈地讚美自己。凡是以這種友善的態度去對待他人的人，一定能產生快感，並領受到對方的友善。他與別人的交往，不管是隨意的或認真的，將使他的興趣和情感都得到滿足。他不會因為別人忘恩負義而傷心，因為一則他不圖回報，二則他遇到忘恩負義的機會也不大。某些令他人怒不可遏的個性，在他看來只覺得好玩。別人經過長期奮鬥之後終於發覺不可達到的結果，他卻能輕而易舉地達到。由於本身快樂，他將成為一個愉快的夥伴，而這反過來也將增加他的快樂。但這一切必須是真實的，決不可出之於因責任感而產生的自己犧牲的觀念。責任感在工作上最有益的，但在人與人之間的關係上卻是令人不快的。人人都希望被愛，而不希望被人勉強順從。自然而然發自內心去愛人，也許是人類所有快樂之泉源中最主要的。

剛才我也曾提到過對物的友善關懷。這句話也許顯得勉強；讀者也許會說對物不可能產生友善感。儘管如此，地質學家對於岩石，考古學家對於古蹟，那種興趣裡面確有某些類似友善感的成分，並且這種興趣也應成為我們對待個人與社會的態度。人們對於物可能會產生惡意的而非善意的興趣。一個人可能去搜集有關蜘蛛產地的資源，因為他討厭蜘蛛，想住到一個蜘蛛少的地方。這種興趣就不會帶來猶如地質學家從岩石中所得到的那種滿足。就每日的快樂而言，對於物的興趣也許不如對於同胞的友善那麼有價值，但也是非常重要的。世界浩瀚無垠，而我們自身的能力卻是有限的。如果我們全部的快樂完全局限於我們個人的環境之中，我們就難免向生活提出過高的要求。若對生活要求過高，則可能得到的都會落空。一個人若能憑借一些真正的興趣，例如對德朗議會或星辰生活史的興趣，來忘掉自己的煩惱，那麼他將發現，當他從那個無關個人的世界神遊一番之後，他已經得到平衡與安寧了，這使他能用最好的辦法去對付煩惱，同時也能感受到真正的快樂，即使那份快樂只是暫時的。

快樂的祕訣是：讓你的興趣盡可能廣泛，讓你對人和物的反應盡可能友善。

這種對於快樂可能性的初步探討，在以後各章中將得以擴充；同時，我還將提出一些建議，以求避開煩惱的根源。

〈第十一章〉
興致

在這一章裡，我打算討論我認為快樂的人所具有的最普遍、最顯著的特徵，那就是興致。

理解興致之含義的最佳方法，也許就是觀察人們就餐時的不同表現。有人把吃飯當成一個負擔，無論飯菜何等精美，他們都覺得興致索然。他們從前就吃過精緻的佳餚，或許餐餐都山珍海味。他們從未嘗過饑腸轆轆的滋味，於是把吃飯僅僅視為刻板的例行之事。像其他所有事情一樣，吃飯是無聊的，但這也用不著大驚小怪，因為其他事情比它更無聊。病人吃飯是出於責任感，因為醫生告訴他們，為了保持體力，必須攝取一些營養。美食家開始時總是滿懷希望，但卻發現沒有一道料理是十全十美的。貪吃的人總是急不可耐地撲向食物，暴飲暴食，以致變得肥胖而鼾聲如雷。那些胃口良好的人總是對食物很滿意，一旦吃飽旋即停止。那些坐在人生筵席前的人，他們對於人生所給予的美好事物也抱有類似的態度。快樂的人相當於最後一種食客。興致之於人生，有如食欲之於食物。厭惡食物的人相當於拜倫式不快樂的犧牲品。出於責任感而進食的病人相當於禁慾主義者，貪吃的人則相當於縱慾主義者。美食家相當於那個把人生一半以上的樂事都斥為不夠完美的挑剔之徒。奇怪的是，所有這些人，也許貪吃者除外，都鄙視胃口良好的人，認為自己比他高一等。在他們看來，因為饑餓而享受食物，或因為生活提供了千姿百態的景象和出人意料的經歷而享受生活，都是粗俗的。他們從幻滅的高度蔑視那些被他們視為頭腦簡單的人。就我來說，我不贊同這種觀點。一切心灰意懶的表現在我眼裡都是一種病態，誠然，為某些情形所迫則很難避免，但是病態一旦出現，就應盡快治療，而不應視為一種高尚的智慧。假定一個人喜歡草莓，而另一個人不喜歡；後者又哪一點優於前者了呢？沒有抽象的和客觀的證據可以表明草莓好或不好。對於喜歡的人，草莓是好的，對於不喜歡的人，草莓是不好的。但是喜歡草莓的人享有他人所沒有的樂趣；在這方面，他的生活更富色彩，於他們所必須生活的世界也更適應。適用於這個小事的道理也適用於更大的事情。喜歡看足球比賽的人在這方面要優於無此興趣的人。喜歡讀書的人則更是遠遠優於不喜歡讀書的人，因為讀書的機會要多於看足球比賽的機會。一個人感興趣的東西越多，快樂的機會就越多，受命運擺佈的情況也就越少，因為他若失去一項，還可以轉到另一項興趣。當然，生命短暫，我們不可能對任何事情都感興趣，但是我們感興趣的事情還是多到能充實我們的生活比較好。我們全都有內向的毛病，儘管展現在我們面前的是一個絢麗多彩的大千世界，我們卻總是視而不見，只將目光集中於內心的空虛。我們切不可以為內向者的憂鬱裡有甚麼了不起之處。

從前有兩部結構精巧的製香腸機，用來把豬肉製成味道絕美的香腸。其中一部始終保持著對豬肉的興致，生產出無數根香腸，而另一部機器卻說：「豬肉於我何干？我自身的工作要遠比任何豬肉都奇妙有趣。」它丟開豬肉，開始研究自己的內部。當它失去豬肉之後，它的內部也就不再運轉，而且它越是研究自己的內部，便越是覺得它愚蠢而空虛。始終把豬肉製成香腸的那部機器一切依舊，而它卻感到迷惘，不知自己能做些什麼。這第二部製腸機就像失去興致的人，而第一部製腸機則像保持興致的人。頭腦是一部奇特的機器，它能把得到的材料以驚人的方式連結起來，但若沒有外界的材料就毫無能力，而且不像製腸機那樣拿它現成的材料就行，因為事件只有當我們對它們感興趣時才能成為經歷：如果事件不能引起我們的興趣，就對我們毫無用處。因此，一個注意力向內的人找不到一件值得注意的事情，而一個注意力向外的人，偶然反省自己的心靈時，會發現各種有趣的成分都被剖開了，並重新組合成美妙的或有啟迪性的形式。

興致的種類數不勝數。人們也許記得，福爾摩斯曾在街上撿到一頂帽子。審視片刻之後，他斷定這頂帽子的主人是因酗酒而墮落的，並且失去了妻子的愛情。對偶然事件的興趣竟至如此強烈的人，決不會感到生活苦悶。讓我們試想一下在鄉下散步時可能見到的各種景象。一部分人可能對鳥類感興趣，另一部分人可能對植物感興趣，還有一部分人可能對地質感興趣，還有一部分人可能對農業感興趣，凡此種種，不勝枚舉。所有這些東西都是有趣的，如果其中一樣能夠引起你的興趣，那麼其他東西也有可能引起你的興趣，因此一個對其中一樣感興趣的人要比那個毫無興趣的人更能適應世界。

另外，不同人對待他們伙伴的態度更是何等的不同啊！一個人在火車的長途旅行中完全不去觀察同車廂的其他旅客，而另一個人卻將他們歸納起來，分析他們的性格，機敏地猜測他們的狀況，甚至會把其中幾人最隱密的經歷查清。人們對他人的感覺不盡相同，正如他們對他人的推測不盡相同一樣。有些人覺得人們幾乎個個討厭，另一些人則會很快且很容易地對遇到的人產生好感，除非有確切的理由使他們產生另外的感覺。再以旅行一事為例。有些人周遊過許多國家，總是在最好的飯店裡下榻，用著和在家裡毫無二致的飯菜，會見與在家裡經常見到的類型相同的閒散富人，談著和在家裡飯桌上如出一轍的話題。當他們回到家裡時，他們唯一的感覺是，無聊的昂貴旅行終於結束，如釋重負般的輕鬆。另一些人無論走到那裡都去觀看有特色的東西，結識當地的典型人物，了解各種有關歷史或社會的有趣之事，享用地方風味食物，學習當地的風俗和語言，然後滿懷喜悅的心情煥然一新地回家過冬。

在所有這些不同的情形中，對人生有興趣的人要優於對人生不感興趣的人。對於前者，甚至不愉快的經歷都是有用處。我很高興接觸中國老百姓和西西里島人，雖然不能說我當時真有很大的樂趣。冒險家對沉船、暴動、地震、火災及一切不愉快的經歷都很興趣，只要不危及他的健康就行。例如，他們在地震時會自忖道：「噢，地震原來是這麼一回事！」並會因為這件事增加了他們對世界的了解而快樂。若說這種人不受命運的支配是不正確的，因為如果他們失去健康，他們則很可能同時失去興致，但也並非絕對如此。我認識一些飽受數年折磨而死去的人，他們的興致幾乎一直保持到最後。有損害興致的不健康，也有無損於興致的不健康。我不知道生物化學家目前能否對此有所區分。也許當生物化學更進步時，我們可以服用藥物來保證我們對各種事物的興趣，但是在這一天到來之前，我們只能依靠對生活的合理觀察來判斷究竟何種原因能使某些人對每件事感興趣，而使另一些人對每件事都無感。

興致有時是一般化的，有時是特殊化的。的確，它也許是極端特殊化的。讀過博羅（George Borrow）作品的人可能會記得在《拉凡格羅》（Lavengro: The Scholar, the Gypsy, the Priest）一書中的人物。他失去了他敬愛的妻子，一度感到生活變得極度空虛。但他的職業是茶商，為了熬日子，他開始自學茶盒上印的中文說明書。結果這使他對人生產生了新的興趣，熱烈地開始研究有關中國的各種東西。我曾認識一些人致力於尋找有關諾斯替教派異端邪說的各種資料，另一些人的主要興趣則是整理霍布斯（Thomas Hobbes）的手稿和早期版本。想要預見到何事能引起一個人的興趣是完全不可能的，但大多數人都應該對某件事物產生強烈的興趣，而這種興趣一旦產生，他們的生活便擺脫了煩悶。然而，作為快樂的一種來源，極端特殊的興趣比不上對人生的一般興趣，因為前者很難填滿人生的全部時間。

應當記住，在我們列舉的各種食客之中也包括貪吃的人，那是我們不準備加以讚揚的。讀者也許認為，我們所讚揚的那種有興致的人與貪吃的人並無確切的區別。下面我們就著手使這兩種人之間的區別變得較為明確。

眾所周知，古人把適度看成是主要美德之一。在浪漫主義和法國大革命的影響下，許多人都放棄了這種觀點而讚賞偏激的情感，即使像拜倫式的英雄們所具有的那種破壞性和反社會性的激情，也同樣受到讚賞。然而，在這方面，古人顯然是對的。在美好的人生中，不同的活動之間必須有一個均衡，決不可把其中之一推至極端，使其餘的活動變得不可能。貪吃的人為了一飽口福而犧牲了所有其他歡樂，這種做法減少了人生的全部樂趣。除了食慾，其他許多種欲望也有可能過度。約瑟芬皇后（Empress Josephine）便是一個過分追求穿戴的人。起初拿破崙總是照付她的服裝費，但是不滿之聲也不斷增加，終於拿破崙告訴她她真的該學會節制了，以後他只付數目合理的服裝費。當她拿到下一次的帳單時，她不知所措了片刻，但很快便想出一個計畫。她去見陸軍部長，要求他用軍需款來支付帳單。他知道她是有權將他解職的，於是陸軍部長照辦了，結果法國失去了熱那亞。雖然我不敢說這個故事完全準確，但至少有些書是這樣寫的。且不管個故事真實性與否，它一樣足以為我們證明，一個有機會放縱自己的女人，其奢侈的程度可以達到何種境界。嗜酒狂和色猜狂也屬於這方面的顯著例子。這些事情上的原則是顯而易見的。我們所有獨立的嗜好和欲望都得適合於人生的一般機制。若要使它們成為快樂之源，就必須使它們與健康、與我們所愛之人的情感、與我們所處社會的關係並行不悖。有些欲望幾乎可以達到任何程度，而不致超越這些界線，有些則不能。例如，如果愛好下棋的人是一個能夠自立的單身漢，那他完全不必限制他的棋興，如果他有妻子兒女並且不能自立，那他就必須嚴格限制他的棋興。酗酒狂和貪吃者即沒有社會的約束，從他們自身的角度出發也是不理智的，因為他們的放縱會影響健康，片刻的快樂要以長時間的痛苦為代價。某些東西形成一個機制，任何獨立的欲望都必須生活在其結果不讓那欲望成為痛苦的根源。那些東西是：健康、自控力、足夠維持生活的收入、最基本的社會責任，例如對妻子兒女的責任。為下棋而犧牲這一切的人，其本質和酗酒狂一樣壞。我們不嚴厲譴責他們的唯一理由是，他們不是平庸之輩，唯有那些多少有點天賦的人才會沉溺於如此需要智力的遊戲。古希臘有關節制的警句，實際上適用於這類事情。那種在上班時間仍想著晚上才能娛樂的棋迷是幸運的，但那種放棄工作而整天去下棋的人卻是失去了適度的美德。據記載，托爾斯泰在其早年頹廢的時代曾因戰場上的英勇表現而榮獲十字勳章，但是當頒獎之日到來時，他正埋頭於一盤棋賽，於是決定不去領獎。我們很難因此而指責托爾斯泰，因為對他來說，能否獲得軍功動章也許是一件無足輕重的事情。但是對於一個普通人來說，這種做法堪稱愚蠢之舉。

作為對上述說法的限定，應當承認，有些行為被看得極其崇高，以致為了它們犧牲任何東西都是正常的。為了保衛祖國而捐軀的人，決不會因為他把妻子兒女一文不名地丟在世上而受譴責。為了某項偉大的科學發現或發明而從事實驗的人，也決不會因為他使他的家庭遭受貧困而被指責，只要他的努力最終獲得成功。然而，如果他始終不能完成他預期的發現或發明，公眾輿論便會將他斥之為怪人，這是不公平的，因為從事這一事業的人決不可能預先確保成功。在基督紀元的最初年代，那些拋棄家庭去過聖徒生活的人是被稱讚的，但在今日，人們則認為他們還是應當供養他們的家庭。

我認為，在貪吃和胃口良好者之間總有某種深刻的心理差別。如果一個人讓一種欲望無限發展，而犧牲所有其他的欲望，那麼這個人往往有某種根深蒂固的痛苦，總在設法擺脫心中的陰影。以酗酒狂為例，那情形是顯而易見的：飲酒乃是為了忘卻。如果他們在生活中沒有心靈上的陰影，他們便不會感到昏沉比清醒更愉快。誠如傳說中的中國人所說：「醉翁之意不在酒。」這是過度且單一的欲望典型。所尋求的並非事業本身的樂趣，而是忘卻。然而忘卻之道極不相同，一種透過愚蠢的方式，一種透過合理的官能運用。博羅的朋友自學中文以便能忍受喪妻之痛，這當然是在尋求忘卻，但他的忘卻之道乃是一種毫無害處的活動，而且有益於他的智力和知識。對於這類忘卻之道，我們決無反對的理由。但說到那些以酗酒、賭博及其他無益的刺激來尋求忘卻的人，情況就不同了。的確，此事有著更加廣泛的情形。對於一個因感到人生乏味而在飛機上或山頂上瘋狂冒險的人，我們應當做何議論？如果他的冒險於公眾有利，我們應當讚揚他，否則我們只能認為他僅比賭徒和酒鬼略勝一籌而已。

真正的興致（不是實際上尋求忘卻的那種），是人類天性的一部分，除非它被不幸的境遇所破壞。兒童對所見所聞的一切都有興趣；在他們看來，世界到處都有令人驚奇的東西，他們永遠滿腔熱情地去追求知識，當然不是學校裡的知識，而是那種可使他們了解到吸引他們注意的事物其相關的知識。動物只要身體健康，即使業已成年，仍能興致盎然。貓進入一間陌生的屋子，總要嗅遍各個角落，弄清楚有無老鼠的氣味之後，才會蹲下。一個從未遇到重大挫折的人總是對外界懷有某種自然的興趣，而只要能保持這種興趣，便會覺得人生快樂，只要他的自由沒有受到過分的干涉。在文明社會裡，興趣的喪失主要是由於自由受到限制，而這種限制對於我們的生活方式又是必需的。野蠻人感到饑餓時才會去打獵，他這樣做乃是憑著直覺的衝動。每天早晨定時上班的人，基本上也是由於同樣的衝動，就是說他需要維持生活，但是在這種情形中，衝動並不直接起作用，而且發生的時間也不一致。衝動乃是透過想像、信念和意志而間接起作用。當某人出去工作時，他並不感到饑餓，因為他剛剛用過早餐。他只是知道饑餓將會發生，出去工作乃是避免將來饑餓的一種手段。衝動是無規律的，而習慣在文明社會裡卻是有規律的。在野蠻人中，甚至連集體性的工作也是自發的、源於衝動的。當一個部落要出發作戰時，戰鼓激起鬥志振奮士氣，集體的興奮促使每一個人都參與這一必要的行動。現代人的事業則不可能以此方式來進行。當火車在預定的時刻起程時，決不會用野蠻人的音樂來激勵列車員、司機的信號員。他們各司其職只是因為事情必須得做。這就是說他們的動機是間接的：他們並無要做此事的衝動，而只是想獲得此事的最後報酬。大部分社會生活都有此類缺陷。人們彼此交往並非出於自願，而只是想從合作中獲得某種最終的利益。由於衝動受到限制，文明人在生活中每時每刻都喪失自由：例如他感到高興，他不能在街上又唱又跳，如果他感到憂傷，他也不能坐在馬路邊哭泣，因為那會阻礙交通。少年時期，他的自由在學校裡受限；成年以後，則在工作時間裡受限制。所有這些都使興致難以存留，因為不斷的束縛會帶來疲勞與厭煩。然而，自發的衝動若無大量的束縛，文明社會便無法維持，因為自發的衝動只能產生最簡單的社會合作，而不能產生現代經濟機制所需要的錯綜複雜的合作。要超越這些阻礙興致的東西，一個人必須身體健康並且擁有充沛的精力，或者他很幸運，從事著一份本身便充滿趣味的工作。統計表示，近百年來健康在各文明國家已有穩定的改善了，但精力就不易測量了，而且我懷疑健康期間的體力是否和從前一樣強。當然這主要是社會問題，我不打算在本書討論。但是這個問題也包括個人的和心理的方面，我們在論及疲勞時已經探討過了。有些人雖然受制於文明生活，興致依然不減，而且這種人為數不多，他們似乎並無內心的衝突以致耗去大部分的精力。興致所需要的是勝任必要工作以外的精力，而精力所需要的則是心理機制的運轉自如。關於如何促進心理機制的運轉，將在以後的幾章裡詳細討論。

在女人方面，她們由於錯誤地理解「正派」，因此大量減少了興致，這種情形現在雖較之過去為少，但依然存在。人們一向認為女人不應對男人表現出明顯的興趣，也不應在公眾面前過分活躍。他們由於學著對男人不感興趣，也就學著對一切事物漠不關心，或者最多只關心某種正確的舉止。教女人對人生採取消極和退縮的態度，分明是教他們與興致誓不兩立。鼓勵自我關注，這是正統女人的特徵，尤其是那些未受過教育的正統女人。他們缺少一般男人對運動的興趣，對政治漠不關心，對男人冷若冰霜，對女人則懷恨在心，因為她們確信別的女人不像自己那麼規矩。她們以離群索居為自豪，也就是說以拒自己的同胞於千里之外為美德。當然，我們不應對她們橫加指責；她們不過是接受了那已流行數千年的道德教育罷了。但是她們成了壓迫制度的犧牲品，卻連這個制度的不公平都未察覺。她們認為一切狹窄的東西都是善的，一切寬宏的東西都是惡的。在她們的社交圈子裡，她們竭盡所能去扼殺歡樂，在政治上則喜歡那種施以高壓的立法。幸而這種人已經日漸減少，但他們仍占有優勢，遠遠超過生活在困難環境的人們所能想像。我建議那些懷疑這種說法的人到若干寄宿房間裡去看一看，觀察一下那裡居住的女人。你將發現她們的生活總以「女德」的觀念為據，其本質是毀滅對人生一切興致，結果是她們的心和腦的僵化與萎縮。在合理的「男德」與「女德」之間並無差別，至少並無傳統所指出的那種差別。無論對男人還是女人，興致都是獲得幸福與快樂的祕訣。

〈第十二章〉

情愛

缺少興致的主要原因之一，是一個人感覺得不到愛；反之，被愛的感覺比任何別的東西都更能增加興致。一個人感覺得不到愛，可能有多種理由。他或者自視可憎，以致沒有人能愛他；或者在兒時得到的愛較之別的兒童少；或者確實是無人喜愛的傢伙。但在這後面的情形，原因大概在於因早年的不幸而缺少自信。感覺自己得不到愛的人，最終可能採取各種不同的手段。他可能用拚命的努力方式去贏得愛，也可能以非常仁慈的舉止為手段。然而在這一點上他難免失敗，因為他仁慈的動機很容易被受惠者察覺，而人類的天性是對那些最不要求愛的人而樂於給予愛。所以一個竭力用仁慈的行為去贏得愛的人，往往會因人類的忘恩負義而悲傷。他從未想到，他企圖贏得的愛較之他當作代價付出的恩惠，價值要貴重得多，而他行為的出發點恰恰就是以少換多。另一種人在感覺得不到愛之後，有可能對社會進行報復，或是透過煽動戰爭與革命的方式，或是經由一支犀利尖銳的筆，像狄恩・史威夫特（Dean Swift）那樣。這是對於不幸的一種壯烈的反抗，這需要性格剛強到使一個人敢與社會抗爭。很少有人能達到這樣的高度；絕大多數的男女感覺得不到愛時，都陷入怯懦的絕望之中，偶爾遇有忌妒和怨恨的機會便感快慰。這種人的生活通常總是極端地以自己為中心，而得不到愛又使他們覺得不安全，為逃避這種不安全感，他們便本能地憑藉習慣來完全控制他們的生活。那些甘願過乏味生活的人，主要是由於害怕冷酷的外界，以為永遠走老路便可免於落入冷酷的外界。

那些能以安全感面對人生的人，要比那些缺少安全感的人快樂很多，至少是在安全感不曾使他們遇到大禍之時。並且在大多數情況下，安全感本身就能幫助一個人避免他人難以避免的危險。如果你走在下臨深淵的窄板上，你害怕比你不害怕更易失足。這個道理也適用於人生。當然，一個無畏的人也可能遇到天災人禍，但他卻能克服重重困難而自身無恙，但一個膽怯的人則可能早已慘遭不幸了。這種有益的自信，其形式當然數不勝數。有的人不畏登山，有的人不畏渡海，有的人不畏航空。但對於人生的一般自信，較之別的東西都更有賴於獲得一個人必不可少的那種適當的愛。我在本章所要討論的，就是要把這種心理習慣看成是興致的一個來源。

能產生安全感的愛是「得到的」而不是「給予的」，雖然在大多數的情形中安全感乃是源於相互的愛。嚴格說來，除了愛，欽佩也具有這種作用。凡在職業上需要公眾欽佩的人，如演員、傳道士、演說家和政治家，都越來越有賴於公眾的喝彩。當他們贏得公眾應有的承認時，他們的生活便充滿興致，反之他們便會有一種失落感，從而變得鬱鬱寡歡。大眾的熱情之於他們而言，恰如少數人的盛情厚意之於別人。受父母疼愛的孩子總是把父母的愛心當作自然而然的事情加以接受。他們不大考慮父母的愛心，雖然那愛心對於他的快樂至關重要。他們想著世界，想著所遇到的事情，想著成人以後所能遇到的更奇妙的事情。但在所有這些對外部的關切後面，依然存在著一種感覺，就是覺得如果遇有不測自會得到父母的保護。因故而得不到父母疼愛的孩子，很可能會變得膽怯且缺乏冒險性，他們充滿著恐懼與自憐的心理，再也不能以快樂的開拓精神去面對世界。這樣的孩子可能在極低的年齡便開始思考生、死及人類命運的問題。他們變成了內向的人，起初十分憂鬱，最終則在哲學或神學的學說裡尋求非現實的安慰。世界是一個混亂冗雜的場所，愉快之事和煩心之事亂糟糟地纏在一起。那種想在這中間理出一個脈絡分明的系統或頭緒的願望，歸根結底是恐懼的結果，事實上是一種廣場恐懼症，即害怕空曠的場所。一個膽小的學生在四周擺書的圖書館裡是覺得安全的。如果他能相信宇宙是同樣的窄小，那麼當他必須上街時也能感到幾乎同樣的安全。這種人若曾獲得較多的愛，對現實世界的畏懼就可以減少，並且也不用發明一個理想的世界放在自己的信念之中。

然而，絕非所有的愛都能激發冒險精神。所給予的愛應當是健全的而非病態的，應當希望對方優秀，多於希望對方安全，當然也不是完全不顧及安全問題。如果膽小的母親或保姆總是告誡孩子所能遇到的危險，以為每條狗都會咬人，每頭牛都很凶猛，那麼就可能使孩子和她一樣膽小，使孩子覺得除了和她待在一起，否則永遠不會安全。對於一個占有慾過分強烈的母親，孩子的這種感覺也許使她快慰：她希望孩子依賴於她，甚於希望孩子有應付社會的能力。在這種情況下成長的孩子，其結果也許比完全得不到愛的結果更糟。孩提時代所養成的思維習慣可能終生擺脫不掉。許多人戀愛時都是在尋找一個逃避世界的安樂窩，在那裡他們能在不值得欽佩時依然受到欽佩，不應當讚美時照樣博得讚美。家庭對許多男人是一個逃避真理的地方，正因為恐懼和膽怯他們才感受到伴侶之樂，唯有在伴侶之間這些感覺才能壓抑下去。他們在妻子身上尋找著從前在不明智的母親身上可以得到的東西，可是一旦發現妻子把自己當作大孩子看時，他們反倒又會驚詫莫名。

要把最完美的愛下一個定義，不是一件容易的事，因為其中顯然總有某種保護的成分。我們對所愛的人受到傷害不會漠不關心。然而我認為，對不幸的畏懼，無法和對實際發生的不幸表示同情相比，它只能在愛的裡面占極小的部分。為他人擔心僅僅比為自己擔心略勝一籌。況且這往往是掩蓋占有慾的一種煙幕。人們總是希望透過引起他們的恐懼來使他們更受制於自己。當然，這是男人喜歡膽小女人的理由之一，因為他們能夠從保護她們進而占有她們。要表達多少份量的關心才不致使受惠者蒙害，那要視愛惠者的性格而定：一個堅強又富有冒險性的人可以受到大量的關心而無害，但一個膽怯的人還是少受關心為妙。

受到的愛具有雙重作用。至此，我們總是把它與安全問題放在一起討論，但是在成人的生活中，它還具有更重要的生物學的目標，那就是做父母的問題。不能讓人對自己產生性愛，對任何男女都是一個巨大的不幸，因為這剝奪了他或她的人生所能提供的最大歡樂。這種剝奪幾乎遲早會毀滅興致，從而使人變得內向。然而，早年所遭遇的不幸往往會造成性格上的缺陷，成為以後不能獲得愛情的原因。這一點在男人方面也許比在女人方面更確切，因為一般來說女人所愛的是男人的性格，而男人所愛的則是女人的外貌。在這方面，我們必須承認男人顯得不如女人，因為男人認為女人可愛的品質，遠不如女人認為男人可愛的品質來得有價值。當然，我決不是說好的性格比好的外貌更容易獲得，但無論如何女人更能懂得並且樂於尋求那些獲得美貌的必要步驟，而男人對於獲得好性格的方法卻不甚瞭然。

至此我們所談的愛都是以人為客體的。現在我想談一談以人為主體的，即一個人所給予的愛。這也有兩種，一種也許最能表現對人生的興致，而另一種卻表現著對人生的恐懼。我認為前者是完全值的讚美的，後者則最多不過是一種安慰。如果你在陽光明媚的日子裡，沿著秀麗的海岸泛舟，你會讚賞海岸之美並且內心充滿歡樂。這種歡樂完全是從向外展望得來的，與你任何迫切的需要毫不相干。另一方面，如果你的船沉了，你朝著海岸游去，此時你對海岸將會產生一種新的愛：那是一種從波濤中逃生的安全感，它與海岸的美醜並無關係。最好的愛相當於一個人的船安全時的感覺，次一等的愛相當於船沉後逃生時的感覺。第一種愛，只有當一個人感到安全時才能獲得，至少也要對所遇到的危險毫不介意時才能獲得；反之，第二種愛，則是不安全感的產物。從不安全感中得來的愛，要比前一種愛來得主觀，更偏於以自我為中心，因為那個人被愛乃是由於他所提供的幫助，而不是由於他所原有的品格。然而，我並不是說這種愛在人生中沒有積極的作用。事實上，幾乎所有真實的愛都含有上述兩種愛的混合成分，並且當愛將不安全感真正消除時，一個人便能對世界重新感到興趣，而這種興趣在危險與恐怖時是完全感受不到的。但是即使承認不安全感所產生的愛在人生中也有部分作用，我們仍要堅持它不如另一種有益，因為它有賴於恐懼，而恐懼是有害的，同時也因為它令人偏於以自為我中心。在最好的那種愛裡，人們所希望的是獲得新的快樂，而不是避開舊的憂傷。

最好的那種愛是互惠的：彼此愉快地接受，很自然地給予，並且由於有了互惠的快樂，彼此都覺得整個世界更有趣。然而，還有一種決非少見的愛，那就是一方吸收著另一方的活力，接受著另一方的給予，但他這一方幾乎毫無回報。某些生命力極旺的人便屬於這種吸血的類型。他們把一個又一個犧牲者的活力吸乾，但是當他們愈生機盎然時，那些被榨取的人卻變得蒼白、乏力而遲鈍了。這種人總是把他人當作工具來實現自己的目標，卻從不承認他人也有他自己的目標。他們一時以為愛著的那些人其實根本引不起他們的興趣，他們感興趣的不過是對自己活動的刺激，而他們的活動也許當屬完全無人格的那種。這種情形顯然源於他們本性上的某種缺陷，但是這缺陷既不容易診斷也不容易治療。它往往與野心有關，同時也由於他們總是不恰當地從單方面去看待人類幸福的緣故。在兩人真正相互關心的意義上說，愛不僅是促進彼此關懷的手段，而且是促進共同幸福的手段，這是真正快樂的最重要因素之一。一個人無論事業多麼成功，如果他把自己禁錮起來而無法發展這種彼此關懷的愛，那麼他便失去了生活中最大的快樂。一個人或許是少年有過不幸，或許是中年受過傷害，或許是有著什麼足以導致被迫害妄想症的因素，才會使他對人類充滿憤怒或仇恨，以致變得野心勃勃而缺乏愛心。太強的自我是一座監獄，你若想充分享受人生，就得從這座監獄逃脫。所有真正的愛，這是一個人已逃出監獄的標誌之一。光接受愛是不夠的；接受的愛應當能把給予的愛激發出來，唯有當接受的愛和給予的愛等量存在時，愛才能達到它的最佳狀態。

彼此相愛的障礙，無論是心理的或社會的，都是嚴重的禍害，人類過去和現在始終為之受苦。人們遲遲不表示欽佩，是因為擔心言過其實；人們遲遲不表示愛，也是因為害怕他們向之示愛的人或無事生非的社會，可能使他們難堪。道德教人提防，世故也教人提防。結果是在涉及愛的場合，慷慨與冒險性都不見了。這一切都在產生對人類的畏懼和憤怒，因為許多人終生喪失了真正的基本需要，十分之九地喪失了快樂的必要條件，喪失了對世界的寬闊胸襟。這並不是說所謂不道德的人在這一點上優於有道德的人。他們在性關係上幾乎完全沒有可稱之為真正愛情的東西，甚至從根本上充滿敵意的也不在少數。雙方都設法不使自己傾心相與，雙方都保留著基本的孤獨，雙方都保持著完整，因此毫無成果。這種經歷絕無重大的價值。我並不是說這種經歷應該小心避免，因為在完成它們的必要過程中，也有機會產生一種更可貴而深刻的愛。但我的確主張，凡有真正價值的性關係應是毫無保留的，應是雙方的整個人格結合在一個新的集體人格之內。在所有的提防中，愛情方面的提防對於真正的快樂來說，也許是最致命的傷害。

〈第十三章〉家庭

從過去延續至現在的一切制度中，最混亂與越軌的莫過於今日的家庭。父母對子女和子女對父母的愛，本來可以成為最大的快樂源泉之一，但事實上，如今父母與子女的關係十分之九是雙方都感到苦惱的來源，百分之九十九是雙方的其中一方是苦惱的來源。造成我們這代人不快樂的原因很多，但其中最深刻的原因之一，是家庭未能給予人基本的滿足。成人若要和自己的子女保持一種愉快的關係，或給予他們一種快樂的生活，必須對為人父母的問題深思熟慮一番，然後明智地開始行動。家庭這個題目太大了，本書只能對它涉及快樂的部分加以討論，而且即使在這個部分，我們也得規定討論的範圍，即我們所說的改善只僅限於個人的權力而無須改變社會結構。

當然，這樣就把題目限制得非常狹窄了，因為今日家庭苦惱的原因極為複雜，有心理的、有經濟的、有社會的、有教育的、有政治的。就社會上的富裕階層來說，有兩個原因使女人覺得為人父母是一個比以前沉重得多的負擔。這兩個原因是，一方面單身女子能夠自謀生計，另一方面保姆的服務遠不如前。過去女人的婚姻是處女生活難以忍受所促成的。那時一個未婚女人不得不在經濟上依賴家庭，先是依賴父親，隨後再依賴心中並不情願的兄弟。她沒有事情可以消磨時光，在家庭以外毫無自由可以享受。她沒有機會也沒有意願去做性的冒險，她深信婚姻以外的性行為都是罪惡的。如果她不顧一切禁忌，因為某個狡猾男人的引誘而喪失了貞操，那她的境況就會可憐到極點。這種情形在《韋克菲爾德的牧師》（The Vicar of Wakefield）一書中描寫得非常真實：

若要掩飾她的罪惡，
若要到處為她遮羞，
若要她的情人心生悔意
且讓他痛徹心扉，
那方法只有一個——她的死亡。

現代的未婚女子若遇此種情形已經不認為死是必要的了。如果她們受過良好的教育，她們不難謀得舒適的生活，因此不需要考慮父母的意見。自從父母對女兒喪失了經濟上的束縛以後，就不大敢表示他們道德上的反對；去指責一個不願聽受指責的人是沒有多少用處的。因此，現在有職業的未婚女子，只要姿色和智商不在常人之下，那麼在她沒有生兒育女的欲望時，盡可享受一種完全愉快的生活。但若這種生兒育女欲望占了上風，她就不得不去結婚，並且幾乎肯定要失去工作。她的生活水平也要比她過去所習慣的大為降低，因為丈夫的收入可能並不比她從前的收入高，而他卻要維持一個家庭，不像她從前只要維持一個單身女人。過慣了獨立生活之後，再去向丈夫索取必不可少的生活費，對他而言是很傷自尊的。基於上述原因，這類女子往往不敢貿然嘗試做母親的滋味。

如果一個女人不顧一切而竟自決定當母親的話，那麼和前幾代的女人相比，她將遇到一個新的惱人問題，就是難以找到合適的佣人。結果她不得不關在家裡，親自去做那些和她的能力與所受的訓練完全不相稱的瑣事，或是如果她不親自動手的話，又會因為斥責佣人辦事不力而弄壞心情。至於對孩子物質上的照料，如果她肯費心了解這方面的事情，她便會發現把孩子交給保母是危險的，甚至連簡單的清潔與衛生方面的事情也不能交給他人，除非她有能力雇一個受過專業訓練的保姆。如果一個女人肩負著一大堆瑣事心力交瘁，她的外表和智力卻沒有大量減損的話，那她真是大幸運了。這樣的女人往往因為親自操持家務而在丈夫眼中變得討厭，在孩子眼中顯得煩人。傍晚，當丈夫下班回來時，嘮叨著整天的煩惱的女人令人厭煩，但不這樣嘮叨的女人則是一個糊塗蟲。在與孩子的關係上，她為了生兒育女所做的犧牲，自己永遠銘記在心，以致她幾乎一定會向孩子索要過分的報酬，同時關心瑣事的習慣使她總是大驚小怪而且心胸狹窄。在她不得不承受這種種的不公平待遇中，最慘的是為了家庭辛苦操持，卻失去了一家之愛，如果她不管家務並保持著快樂風韻，也許家人反倒比較會愛她。

這些不幸主要是屬於經濟的問題，另一種幾乎同樣嚴重的不幸也屬於這個性質。我指的是因大城市的人口密集而引起的住房困難。在中世紀，城市和現在的農村同樣空曠。現在兒童還在唱著那首兒歌：

保羅尖塔上有棵樹，
無數的蘋果在上面搖，

倫敦城裡的小男孩，
手拿木棍把蘋果敲，
順著一重又一重籬笆趕緊逃，
一路跑到倫敦橋。

保羅尖塔已經沒有了，保羅尖塔和倫敦橋之間的籬芭也不知何時拆掉了。像兒歌裡所說的倫敦小男孩的樂趣，已經是幾百年前的事情，但在不久以前，大多數人仍住在鄉下。那時的城市並不是很大；出城很方便，在城裡也容易發現緊挨著住宅區的公園。目前，英國的城市居民和鄉下居民相比占著壓倒性多數。在美國，這種情況還沒有如此嚴重，但正在迅速發展著。諸如倫敦和紐約這樣的大城市，幅員遼闊，需要花費很多時間才能出城。住在城裡的人通常只能以一套房間為滿足，當然，那是連一平方英寸的土地都接觸不到的，而那些囊中羞澀的人只能滿足於極小的空間。若有很小的孩子，在狹窄的房間裡生活是非常困難的。既沒有房間供他們玩耍，也沒有房間讓父母避開他們的喧鬧。因此那些有職業的人越來越傾向於住到郊區。為了孩子著想，這無疑是很可取的，但大人的生活卻更艱苦了，他們在家裡的作用也因奔波而大為削弱了。

然而，這種範圍廣大的經濟問題不是我所要討論的，因為它超出了我們所定的範圍，我們的課題是：此時此個人為求得快樂能做些什麼？當我們談及今日父母與子女的關係中的心理問題時，我們離題就近了。這類心理上的問題實在是民主所引起的難題之一。過去，有主人和奴隸之分，主人決定應做的事情，而且總的說來主人是喜歡他們的奴隸的，因為他們的奴隸能分擔生活的瑣事及勞動使主人可以輕鬆生活。奴隸可能憎恨他們的主人，不過這種現象並不像民主理論所設想的那麼普遍。即使他們憎恨主人，主人也不會察覺，因此無論如何主人是輕鬆快樂的。隨著民主理論贏得普遍的擁護，情況就完全改變了：一向服從的奴隸不再服從了；一向對自己的權利深信不移的主人變得遲疑不決了。衝突開始發生，雙方都失去快樂。我並不想以此作為攻擊民主的論據，因為上述衝突在任何重要的過渡時期都避免不了。當轉型一直持續著，就會使世界充滿不幸，而抹殺這個事實也是毫無益處的。

父母與子女之間關係的變化，是民主思想普及的一個特殊例子。父母不再相信自己真有權利反對子女，子女也不再覺得應當尊敬父母。服從的道德從前是不容置疑的，現在變得陳腐過時。精神分析使有文化的父母驚恐不安，生怕不知不覺中會傷害了孩子。如果他們親吻孩子，可能造成戀母情結；如果不親吻，又可能引起孩子的忌妒。如果他們命令孩子做什麼事情，可能產生罪惡感；如果不命令，孩子又會養成不良的習慣令父母擔心。當他們看見嬰幼兒吮吸大拇指時，他們會做出各種可怕的論斷，但他們又不知怎樣去阻止這種行為。素來頗有權威的父母變得膽怯、不安並且充滿著良心上的疑惑。古老而純樸的歡樂消失了，與此同時，由於單身女人又獲得了新的自由，女人在決定做母親時，得準備比以前作出更多的犧牲。在這種情況下，謹慎小心的母親對子女要求太少，而莽撞任性的母親又對子女要求太多。前者抑制著她們天性的母愛以致變得羞怯；後者則是想在兒女身上尋找補償。在前者情形中，孩子的愛沒有得到滿足；在後者的情形，孩子的愛又受著過度的刺激。總而言之，無論在何種情形下都缺少家庭在最佳狀態所能提供的純樸及自然的快樂。

考慮到這些煩人之事，還能對出生率的降低感到驚奇嗎？人口出生率普遍降低的程度已表明人口不久就會減少，而富裕階級早就超過了這個程度，不僅一個國家如此，事實上所有文明的國家都是如此。關於富裕階級的出生率，沒有多少統計資料可以應用，但是從我們前面提及的約翰・艾林的著作裡可以引出兩個事實。一九一九年到一九二二年間，斯德哥爾摩的職業婦女的懷孕率只占全部人口懷孕率的三分之一；而在美國威爾斯利學院（Wellesley College）的四千名畢業生中，一八九六年至一九一三年間新生兒的總數不過三千，而要阻止人口的減少，應有無一夭折的八千兒童。毫無疑問，白人的文明有一個奇怪的特點，就是越是吸收這種文明的男女，就越是不生育。最文明的人最少生育，最不文明的人生育最多，而且兩者之間還分許多等級。目前西方各國最聰明的那部分人正在消亡。用不了多少年，西方各國的人口將會大為減少，除非從文明度較低的地區移民去補充。那些移民一旦吸收了所在國的文明，也會相對地減少生育。顯而易見，具有這種特徵的文明是不穩固的；除非這種文明能增加人口的數量，否則它遲早要被另一種文明所取代，而在這取而代之的文明裡面，做父母的衝動一定會保存得相當強烈，以阻止人口的減少。

在西方各國，世俗的道學家極力用鼓勵和柔性的態度來對待這個問題。一方面，他們說子女的多少是上帝的意志，所以每對夫婦的責任是盡量生育，無論生下來的子女將來能否健康與幸福。另一方面，教士們唱著高調，頌揚母性聖潔的歡樂，認為一個多病與貧窮的大家庭是幸福之源。政府也來勸告，說足夠數量的炮灰是必要的，因為若沒有足夠的人口留下來被毀滅，所有那些精良的殺人武器又怎麼會有利用的空間呢？奇怪的是，做父母的即使承認這些論據可應用於他人，然而一旦應用到自己身上就裝聾作啞了。這些教士和愛國主義的心理學已誤入歧途。教士只有用地獄之火來嚇人時才會成功，但現在只有少數人把這種威脅當真。凡沒有震懾力量的威脅，斷不能在一件屬於私人性質的事情控制人的行為。至於政府，其論據實在太殘酷了。人們也許會同意由別人提供炮灰，但決不會願意自己的孩子將來派此用場。因此，政府所能採取的唯一辦法就是讓窮人始終愚昧，但這種努力，如統計所示，除了西方各國最落後的地區外，已遭到徹底的失敗。沒有多少人會因為公共責任感而生兒育女，即使真有什麼公共責任感存在。人們生育或是因為相信子女能增加他們的快樂，或是因為不知道怎麼避免生育。後一種原因至今仍有很大的作用，但它的作用正在迅速減少。教會也好，政府也好，無論它們如何處置，總不能阻止這人口減少的趨勢。因此，白人如果想延續種族，就必須使做父母這件事能重新給予定義，並且賦予其幸福快樂的感受。

當一個人撇開現實狀況，單純只考慮人類的天性時，我想他一定能發現做父母這件事是能夠使人在心理上獲得最大且最持久的快樂。毫無疑問，這在女人方面比在男人方面更為真切，但對男人也遠比多數現代人所想像的真切。這種天倫之樂在幾乎所有的古典文學中都得到承認。赫庫芭（Hecuba）對兒女要比對丈夫關切得多；麥克德夫（Macduff）對兒女也比對妻子重視。在《舊約》裡，男女雙方都對傳宗接代表現出極大的熱情；在中國和日本，這種熱情一直保持現在。有人說這種欲望來源於祖先崇拜。然而我認為事實正好相反，這就是說祖先崇拜是人類重視家族延續的反映。人類生男育女的衝動一定非常強烈，否則沒有人肯做如此必要的犧牲去滿足生育的衝動。就我個人來說，我覺得做父母的快樂大於我所經歷的任何快樂。我相信，當環境使得人們放棄這種快樂時，必然有一種非常深刻的需要得不到滿足，而這又會產生一種莫名其妙的心灰意懶。若要享受快樂的人生，尤其是在青春消失之後，一個人必須覺得自己不僅是一個將不久於人世的孤立的人，而且是生命之流的一部分，它始於最初的細胞一直奔向那不可知的遙遠的未來。這若用一種固定的文字來表達有意識的情操，那它無疑是一種極文明而智慧的世界，但若當作一種朦朧的本能情緒，那它則是原始的和自然的，和高度文明恰恰相反。一個能建立豐功偉績以致留名青史的人，也許能藉由工作來滿足生命延續的感覺，但是那些並無特殊才能的男女，只有靠兒女來得到安慰。凡是讓生育衝動衰退的人，已把自己和生命之河分離，他們的所作所為已使他們面臨生命終止的巨大危險。對他們來說，除非他們特別超脫，死亡就是結束一切。他們身後的世界與他們毫無關係，因此在他們看來，他們所做的一切都是無足輕重的。對於那些擁有兒孫並真心愛著他們的人而言，未來是重要的，不但在道德上或想像上感到重要，而且本能地感到重要。一個能把興趣擴展到自身以外的人，也許還能把興趣擴展得更遠。像亞伯拉罕（Abraham）那樣，他會快慰地想到他的種子將去繼承福地，即使這要等多少代之後才能實現。正是由於這種感覺，他才不再有空虛之感，不再讓自己的所有情感都變得麻本不仁。

當然家庭的基礎必須建立在時靠父母對親生兒女的一種特殊的愛，這不同於父母之間彼此的感覺，也不同於對別的孩子的感覺。誠然，有些父母很少或毫無父母之情，也有些女人能對別人的孩子感到如對自己的孩子同樣強烈的愛。但是總的說來，父母之情乃是一種特殊的感覺，為一個正常人對自己的孩子所具有的，而對其他任何人都沒有的。這種情感是我們從我們的動物祖先那裡繼承下來的。在這方面，弗洛伊德似乎不曾充分注意到生物學上的現象，因為任何只要觀察一隻雌性動物怎樣對待牠的幼仔，便會發現牠對孩子的態度完全不同於對那隻與牠有性關係的雄性動物。而這種差別同樣見之於人類，雖然形式上略有不同，程度上也不像動物那麼明顯。假如不是由於這種特殊的情感，那麼把家庭當作制度看時，幾乎沒有什麼話好說了，因為孩子完全可以託付給專家照看。然而，事實上只要父母的本能不減退，父母對子女所具有的特殊的愛，對於父母和子女都是有價值的。父母愛子之心的價值主要有賴於這樣一個事實，就是父母之愛比其他所有的愛都更可靠。你的朋友由於你的優點而愛你，你的愛人由於你的魅力而愛你；如果優點和魅力消失了，那麼朋友和愛人也會消失。但在遇到不幸時，父母才是最可以信賴的人。如果父母是稱職的，那麼在你生病時，甚至遭到社會唾棄時，他們都是可以依靠的。當我們因自己的長處而受到稱讚時，我們都會感到快樂，但我們當中的大多數人都十分謹慎，知道這種稱讚是靠不住的。父母愛我們是因為我們是他們的孩子，這是一個無法改變的事實，所以我們覺得他們比誰都可靠。在順境的時候，這可能顯得無足輕重，但在失意的時候，則會給你任何地方都得不到的一種安慰和庇護。

在各種人際關係上，一方獲得快樂是容易的，但雙方都快樂則要困難得多。看守可能以監管囚犯為樂；雇主可能以威嚇雇員為樂；統治者可能以鐵腕統治臣民為樂；舊式父親則可能以借助棍棒向兒子灌輸道德為樂。然而這些都是單方面的快樂；對於另一方來說，情況就不那麼好了。我們已開始感到這種單方面的快樂不能令人滿足；我們相信良好的人際關係應當使雙方都感到滿足。這尤其適用於父母與子女的關係，其結果是父母從子女身上得到的樂趣遠比從前為少，而子女從父母身上感到的苦惱也遠比從前為少。我不認為父母從子女身上得到的樂趣比從前少有何真正的理由，雖然目前的情形確實如此。我也不認為父母不能增加子女的快樂有何真正的理由。但是像現代社會所追求的一切平等關係那樣，這需要一定的審慎與勸導的，需要尊敬別人的個性，而這是日常生活中的好鬥性格所不鼓勵的。讓我們從兩方面來討論這種父母之樂，第一從它的生物本質方面，第二從父母以平等的態度對待子女之後所能產生的快樂方面。

父母之樂最初的根源有兩個方面。一方面是覺得自己肉體的部分能夠永存，使他的生命在他肉體的其餘部分死亡之後仍能延續下去，而這一部分將來又能以同樣的方式再延長一部分生命，由此確保血脈長存。另一方面是權力與溫情的密切結合。新生命是無依無靠的，父母自有一種衝動要去滿足他的需要，這種衝動不但滿足了父母對孩子的愛心，而且也滿足了父母的權力欲。只要嬰兒是需要照顧的，你對他所表示的愛就不能避免自私的成分，因為保護自己易受傷害的部分乃是人的天性。但在孩子很小的時候，父母的權力欲和對孩子幸福的渴望便會發生衝突，因為對孩子的控制在某種程度上是理所當然的，而孩子學會在各方面自立也是越早越好，可是這對於父母的權力欲卻絕非好事。有些父母永遠覺察不到這種衝突，一直專制下去，直到孩子反叛為止。有些父母早已覺察並因此而飽受精神折磨。他們做父母的快樂就是在這種衝突中斷送的。在父母對孩子盡心盡力之後，發現孩子完全不是他們所希望的樣子，那時他們必有屈辱之感。他們要孩子成為軍人，他卻成了和平主義者；或者像托爾斯泰那樣，父母要他成為和平主義者，他卻成了「黑幫份子」。但是難題並非完全來自於後來的發展。如果你去餵一個已能自己用餐的孩子，那麼你就是把權力欲擺在孩子的幸福之上了。雖然你的本意是想減少他的麻煩。如果你讓孩子過於警覺注意危險，那麼你可能是希望他始終依賴你。如果你給他的愛十分外露並期待著回報，那麼你大概是想用情感來抓住他。在大大小小數以千計的方式中，父母的占有慾常使他們誤入歧途，除非他們非常謹慎或心地非常純潔。現代的父母由於知道了這些危險，有時在管理孩子的問題上失去了自信，這對孩子的效果反不如他們犯著自然的錯誤來得好，因為最能引起孩子不安的，莫過於大人缺乏決斷和自信。因此，與其小心謹慎不如心地純潔。父母若能真正渴望子女的幸福甚於渴望自己對子女的權威，那就用不著任何有關精神分析的教科書，也能知道該做什麼和不該做什麼，光是衝動便能把他們引上正軌。在這種情形中，父母與子女的關係自始至終都是和諧的，既不會使孩子反抗，也不會使父母失望。但要做到這一點，父母必須一開始便尊重子女的個性——這尊重不僅是一種道德的或智力的原則，而且是一種透過近乎神祕的信念而來深刻體會的東西，才能完全排除占有和壓迫的欲望。當然，這種態度不僅適用於對待子女，在婚姻和友誼中也十分重要，雖然在友誼比較容易做到。在一個良好的社會裡，人們之間應當普遍地建立一種政治關係，不過這是一個遙遠的希望，我們不能翹首以待。但是既然人們普遍需要這種溫情，那麼首先應當在涉及兒童的場合促其實現，因為兒童是無依無靠的，因為他們是軟弱可欺的。

現在讓我們回到本書的主題來。在現代社會裡，做父母的的快樂只會為這樣一類人所獲得，他們能夠深切感受到我前面所講的對孩子的尊重。他們無須忍受很多苦惱而把自己的權力欲壓抑下去，也無須害怕像專制的父母那樣，當孩子獲得自由時感到悲傷的失望。他們所能感到的歡樂也要多於那些專制的父母，因為那種經溫情把一切趨於專制的傾向洗滌之後的愛，能給人一種更美妙、更親密的歡樂，更能把粗糙的日常生活點鐵成金般地變為神祕的歡樂，這種情感對於一個只想在動蕩不安的世界維持自己優勢的人是萬萬領受不到的。

我雖然極為重視父母的情感，但我並不主張做母親的應當盡可能親自照料孩子的一切。在當年對於育兒之事茫然無知，只靠年老的婦女把非科學的舊法傳給青年人的時代，這類俗見是有市場的。今天，大部分的育兒之事唯有那些對這類問題作過專門研究的人才做得好。這一點在被稱之為「教育」的那部分，兒童教育已得到承認。人們決不期望一個母親去教她的兒子微積分，無論她怎樣地愛他。在書本知識範圍內，大家都認為兒童向專家學習要勝於向外行的母親學習。但是在育兒的許多別的方面，這一點尚未得到承認，因為那些方面所需要的經驗尚未得到承認。毫無疑問，某些事情是由母親做更好，但隨著孩子越來越大，由別人做更好的事情也會越來越多。假如這個原則被人普遍承認，做母親的便可省掉許多惱人的工作，因為她們在許多方面都是外行。一個有專業技術的女人在做了母親以後，應當仍能自由應用她的專業，這對她和社會都是有益的。在懷孕的最後幾個月和哺乳期間，她也許不能這樣做，但是一個九個月以上的嬰兒不應再成為她從事職業活動的障礙。當社會要求一個母親為孩子作無理的犧牲之時，這母親若不是項聖徒般的無私情操者，就會希望從孩子身上得到某種補償。凡在傳統上被稱為自我犧牲的母親，在絕大多數情況下，對她的孩子總是異乎尋常的自私，因為做父母這件事之所以重要，是由於它是人生的一個組成部分，但若把它當作整個人生看待時，就不能令人滿足了，而不滿足的父母很可能是感情上貪得無厭的父母。因此，為了母親、子女雙方的利益，母親不應使她和一切別的興趣絕緣。如果她對於養育孩子真有什麼抱負，並具有充分的知識能把自己的孩子照顧得很周全，那麼她的技能應有更廣泛的應用，她應當專門去養育一批包括自己孩子在內的孩子們。當然，父母只要國家提出的最低要求，都可以就孩子應如何教養和應由何人教養的問題，自由發表他們的意見，但指定的人要有資格擔負此項責任。然而決不可以有一種成見，要求每個母親都要親自去做別的女人能做得更好的事情。對孩子束手無措的母親，這樣的母親不是少數，應當毫不猶豫地把孩子交給一個擅長此事而且受過必要訓練的女人。沒有一種天賜的本能會告訴女人如何正確對待孩子，而過分的操心又是占有慾的偽裝。許多孩子在心裡上都是被母親無知與感傷的管教所損害。人們總是認為父親不必對孩子多費心，可是孩子對父親的愛和對母親的愛毫無二致。如果女人的生活應當擺脫不必要的奴役，如果允許孩子受益於那日趨完善的，與他們的身心健康有關的科學知識，那麼母親與子女的關係將會越發類似現今的父子關係。

〈第十四章〉

工作

工作應當列為快樂的原因抑或是不快樂的原因，也許尚屬疑問。的確，有許多工作是極煩人的，而過度工作又是很痛苦的。然而我認為，只要不過度，即使是最單調的工作，對大多數人來說，也比無所事事容易忍受。工作有各種等級，從單純解悶直到最深切的快慰，要視工作的性質和工作者的能力而定。多數人所做的大部分工作，其本身是乏味的，但即使是這類工作也有相當大的益處。首先，工作可以消磨一天中的大部分時間，而不需要你決定做什麼。多數人一旦能按照自己的選擇去消磨他們的閒暇時，總是難以想出什麼事情值得一做。無論他們決定做的是什麼，他們總是覺得還有更愉快的事情可以去做，這個想法使他們十分懊惱。能夠明智地安排閒暇是文明的最後產物，目前還很少有人達到這種水平。另外，選擇本身就是令人厭煩的。除了特別具有創造力的人以外，人們總是樂於由別人告訴自己每小時應做之事，只要所要求的事情不是太不愉快就行。多數閒散的富人都在忍受著難以言喻的苦悶，彷彿在為免於苦役而付出代價。有時他們去非洲狩獵或周遊世界，聊以排遣，但這類轟轟烈烈的事情是有限的，尤其在青春逝之之後。因此比較明智的富人都盡量工作，好像他們是窮人一樣，而有錢的女人大多忙著無數的瑣事，似乎那些瑣事非常具重要性。

人們所以渴望工作，主要是因為它可以免除煩悶，一個人做著強然乏味但是必要的工作時也會感到煩悶，但決不能和那種百無聊賴的煩悶相比。與工作的這種好處相關的，還有另一種好處，就是使得假日變得格外愉快。一個人只要沒有過分辛苦的工作來消耗他的精力，一定會對於自由的時間有更多善加利用的。

在多數有報酬的工作和某些無報酬的工作中，第二種好處是它給人以成功和發展雄心的機會。在多數工作中，成功是以收入來衡量的，只要資本主義社會繼續存在，這是無法避免的。唯有遇到極卓越的工作，這個尺度才會失去效用。人們渴望增加收入，這是渴望成功，也是渴望更高收入能帶來更多的舒適。無論怎樣乏味的工作，只要能藉此博得好名聲，無論是廣大社會裡的名聲抑或自己小圈子裡的名聲，那工作就變得可以忍受。目的持續終究是快樂最基本的因素之一，對大多數人說，這主要是靠工作來實現的。在這方面，那些終身忙於家務生活的女人，相較之男人或在外工作的女人，要不幸得多。家庭主婦沒有工資，無法改善自身生活的狀況，丈夫認為她的操勞是理所當然的（實際上認為她什麼也沒做），他重視她並非由於她的家務勞動，而是由於她的別的優點。當然，那些相當富有，能把屋舍庭園布置得很美，讓鄰居羨慕的女人，是不在此列的；但這類女人比較少見，而且絕大多數家務所帶來的滿足都遠不及其他的工作給男人或職業女性所帶來的滿足。

多數工作都會使人得到兩種滿足，一是消磨時光，二是施展小小的抱負，而這就足以使一個即使工作乏味的人，也比一個無所事事的人快樂得多。但是當工作有趣時，它給人的滿足將遠遠優於單純的消遣。凡屬有趣的工作可依次進行排列。我將從趣味較為平淡的工作開始講起，直到值得耗費一個偉人全部精力的工作為止。

使工作有趣的因素主要有兩個：第一是技能的運用，第二是建設性。

凡擁有某種特殊技能的人，總樂於施展出來，直到那項技能不足為奇或不能再完善時為止。這種行為的動機始於童年：一個能倒立的男孩總是不滿足於正常的站立姿勢。許多工作所帶來的歡樂都與那種源於遊戲技能的歡樂完全相同。律師和政治家的工作含有大量美妙的樂趣，這與打橋牌時的樂趣毫無二致。當然，這裡不僅有運用技巧的樂趣，也有與高明的對手勾心鬥角的樂趣。但是，即使在沒有這種競爭因素的場合，一件需要高超技巧的工作也能帶來歡樂。一個能做特技飛行的人感到其樂無窮，以致為之願意冒生命危險。我想一個能幹的外科醫生雖然要在痛苦的環境中工作，但他依然能從準確實施手術中得到滿足。同樣的樂趣也可來自於許多較為粗陋的工作中獲得，只是強度差一些而已。一切技術性的工作都能給人帶來快樂及滿足，只要那技術要求更多變化，或能更加精益求精。如果一個人的本領達到爐火純青之時，它所引起的興趣也就消失了。一個長跑運動員一旦過了能打破自己所創紀錄的年齡，就不再感到長跑之樂。幸而在無數的工作中，新的情況需要新的技巧，使一個人能不斷地進步，至少直到中年為止。在某些需要技術的工作中，例如政治，人們要在六十至七十歲之間才能最大限度地施展才能，因為在這類事業中，廣博的閱歷是不可少的。因此，成功的政治家在七十歲要比他的同齡人更快樂。在這方面，只有大企業的巨頭才能與之相比。

然而，最卓越的工作還有另一種因素，作為快樂之源，它甚至比技術的運用更重要，那就是建設性。在一些工作中，雖然不是大多數工作，當那項工作完成時，會建立起某些類似紀念碑的東西。區分建設與破壞，或依根據列下標準。在建設性中，事情的原始狀態具有偶然性，但到最終狀態時卻具有目的性；破壞性則相反，事情的原始狀態具有目的性，但到最終狀態時卻具有偶然性，這就是說，破壞者旨在產生一種毫無目的性的狀態。這一標準適用於最實在、最明顯的例子，即房屋的建造與拆毀。建造一幢房子總是依照預定的計畫進行的，但若要拆毀，那麼誰也不能有定在房子完全拆除後那些建材會變成什麼樣子。當然，破壞作為日後建設的準備，往往是必要的；在這種情形下，它不過是一個具有建設性的整體的一部分。但是一個人所從事的活動，往往僅以破壞為目標而未想到日後的建設。他往往對自己隱瞞這一點，相信自己只是做著清除工作，目的在於重建，但若這真是一句託辭，我們不難把它揭穿，只要問他日後如何重建即可。對於這個問題，他的回答必是含糊而冷漠的，不像他談到之前的破壞工作時，說話確切又有力。不少革命者、軍國主義者及其他提倡暴力的人，都是如此。他們的行為總是不知不覺地被仇恨所支配：破壞他們所恨的東西是他們的真正目的，至於以後如何，他們是漠不關心的。我不否認破壞性的工作也許和建設性的工作同樣有趣。那是一種瘋狂的、在當時也許是更強烈的快樂，但它不能給人深刻的滿足，因為破壞的結果沒有多少令人滿足的成分。你殺死你的敵人，他一死，你的事情即告結束，於是你因勝利而感到的滿足很快便會消失。另一方面，當建設性的工作完成時，人們想起來便會感到快樂，況且那工作的完美也不會達到無以復加的程度。最令人滿足的工作能使人無限制地從勝利走向勝利，永無最終的結局。由此可以看出，建設較之於破壞是更重要的快樂之源。更確切地說，凡在建設中感到滿足的人，其滿足要大於在破壞中感到滿足的人，因為你一旦充滿仇恨，便很難再像他人那樣從建設中獲得快樂。

同時，要克服仇恨的習慣，不如做一項重要的建設性工作。

那種源於完成一項偉大建設事業的滿足，是人生所能給予的最大滿足之一，雖然不幸的是，這種最高等級的滿足感只有那些具有特殊才能的人方能體驗。任何東西都不能奪走一個人因成就一項重要的事業而獲得的快樂，除非他的工作被證明是糟糕的。這類滿足有很多種形式。某人通過灌溉計畫使一片荒地變為良田，他的快樂是最實在的。創建一個組織也許是一件無比重要的工作。少數政治家在混亂中努力建立秩序的社會便屬於這種工作，其中列寧是當代的最高典範。最顯著的例子還有藝術家和科學家。莎士比亞談到他的詩作時說：「人類能呼吸多久或能觀看多久，這些東西就存在多久。」毫無疑問，這種想法使他在患難中感到安慰。他在自己的十四行詩中聲稱，對朋友的思念使他重新與生活重歸於好，但是我不禁猜想，在這一點上他寫給朋友的十四行詩比朋友本身更為有效。大藝術家和大科學家做著本身就令人愉快的工作；他們一邊工作，一邊獲得有價值者的尊敬，這就給他們一種最基本的權力，即控制人們思想與情感的權力。他們也有最可靠的理由來珍視自己。人們一定會想，這許多幸運的情況集於一身，足以使任何人都快樂起來。然而情況並非如此。例如，米開朗基羅是一個很憂鬱的人，他認為（我不相信這是真的）假如沒有貧困的親戚向他催債，他決不願費心去製作藝術品。創造偉大藝術的力量，雖然往往不是永遠和性格上的憂鬱連在一起，但那憂鬱之深，竟使一個藝術家若非為了工作之樂便會趨於自殺。因此，我們不能斷言最偉大的工作一定會使一個人快樂；我們只能斷這工作一定會減少一個人的不快樂。然而，科學家在性格上的憂鬱遠不及藝術家那樣常見，而且總的說來，那些從事偉大科學工作的人是快樂的，因為他們的快樂主要源於工作。

目前，知識分子不快樂的原因之一是，他們當中的許多人，特別是那些有文學才華的人，找不到機會施展他們的才華，他們受雇於實用主義者把持的富有團體，被迫製作著荒誕無聊的商品。假如你去問英國或美國的記者是否相信他們所屬的報紙政策，你將發現只有少數人作肯定的回答；其餘的人都是為生活所迫，出賣自己的技能去促成他們認為有害無益的計畫。這類工作不會帶來真正的滿足，一個人勉強去做時，會變得玩世不恭，以致在任何事情都不能獲得充分的滿足。我不能責備那些從事這種工作的人，因為饑餓的威脅太嚴重了，但是我認為，如果能做一種可滿足建設性衝動的工作而又不致挨餓，那麼為他自己的快樂著想，最好還是選擇這種工作而放棄那種報酬優越但他認為不值得做的工作。沒有自尊心就難以保有真正的快樂，而以自己的工作為恥的人則難有自尊心。

誠然，建設性工作的滿足也許是少數人的特權，但這少數人的數量可能很多。凡能支配自己工作的人都能感到滿足；凡認為自己的工作有益並需要相當技巧的人也能感到滿足。培養出令人滿意的孩子是一項艱苦的建設性的工作，它能給人以深切的滿足。凡做到這一點的女人都能感到正是由於她的辛勞，世界才包含著這些有價值的東西。

人類在把人生視為一個整體的問題上大有差別。對某些人來說，這是很自然的，能以滿足的心情來做到這一點是快樂的關鍵。對另一些人來說，人生是一系列不相關連的事件，即談不到有指導的動作，也談不到統一性。我認為前者較之後者更能獲得快樂，因為前者會逐漸造成他們能夠欣慰和自尊的環境，不像後者隨著情況的推移，東一下西一下地亂撞，永遠找不到一個落腳處。視人生為一個整體的習慣是智慧和真正道德的主要組成部分，應當透過教育加以鼓勵。始終如一的目標不足以使人生快樂，但它幾乎是快樂人生不可或缺的條件。而始終如一的目標，主要體現在工作之中。

〈第十五章〉

閒情雅興

在這一章裡，我所要討論的不是人生賴以建立的重要興趣，而是那些消磨閒暇，使人在從事嚴肅的工作之餘，能夠放鬆一下的次要興趣。在一般人的生活裡，妻子兒女、工作和經濟狀況是他主要關注的事物。即使他有婚外情，他關心這種愛情也遠不如擔心婚外情可能對他的家庭生活造成影響。與工作密切相關的興趣，我在此不認為屬於閒情雅興。例如，一個科學家必須密切關注他的課題。對於這類研究工作，他的感覺表現出一種和他的事業密切相關的熱烈與鮮明，但若要他閱讀本行以外的另一類科學著作，他的心態便完全兩樣了，既不用專家的目光，也不太用批評的眼光，不再挑剔和帶有偏見的態度。即使他得動腦以便理解作者的思想，但他的這種閱讀依然是有放鬆作用，因為這與他的職責毫不相關。如果這本書使他產生興趣，他的興趣也屬於閒情雅興，這不適用於與他自己的領域有關的書籍。我在本章所要討論的便是這種在一個人主要活動以外的興趣。

憂鬱、疲勞和神經緊張的原因之一，即是對於任何與個人生活沒有實際利害關係的東西不能感到興趣。其結果是有意識的思想總是集中在少數事情上，而且每件事都帶有一些焦慮和困擾的成分。除了睡眠時間之外，有意識的思想永遠不能停下來去藉由無意識的思想去慢慢地醞釀智慧。結果是精神過度亢奮，缺少靈感，煩燥易怒，失去了平衡的意識。這一切既是疲勞的原因，也是疲勞的結果。當一個人因為疲勞而對外界的興趣喪失，由於興趣索然就不能從中得到放鬆，於是更加疲勞。這種惡性循環很容易使人精神崩潰。對外界的興趣之所以有休息的作用，是因為它不需要任何動作。作決斷和付諸實行都是很累人的，尤其是當必須快辦而又得不到下意識的幫助時。有些人在作出重大決策之前，認為必須「睡一覺再說」，這真是太對了。但是下意識思想的進展並非僅限於睡眠期間。當一個人有意識的思想轉到別處時，下意識的思想也能起作用。如果一個人工作結束便能把它遺忘，直到第二天開始時再想起，那麼他的工作一定遠勝於在休息期間仍念念不忘工作的人。而要把工作在應當忘記時忘記，對於一個在工作之餘有許多其他興趣的人，要比一個完全沒有其他興趣的人更容易辦到。

然而，至關重要的是，這些閒情雅興不能再次運用那些已被日常工作弄得疲憊不堪的器官機能。閒情雅興應當無須意志，無須當機立斷，它們不應當如同賭博一樣含有任何經濟因素，它們也不可過於刺激，使精神疲倦，使無意識和有意識一樣不得安寧。

有許多娛樂都能符合上述條件：看比賽、進劇場、打高爾夫球，這些方面都是無可厚非的。對於一個有讀書嗜好的人而言，閱讀一些與本職工作無關的書籍不失為一件好事。無論煩心事是何等重要，總不該把全部清醒的時間都用來思考這些繁瑣之事。

在這方面，男人和女人有很大差別。總的說來，男人比女人容易忘記他們的工作。對於從事家務勞動的女人，這是很自然的，因為她們無法改變場合，而男人離開辦公室後就可以換一種心境。但若我沒說錯的話，在家庭以外工作的女人在這方面與男人的差別，幾乎也與家庭主婦一樣。這就是說，她們覺得很難對那些無實用價值的事情產生興趣。她們的目的控制著她們的思想和行動，很少為某種完全閒逸的興趣所吸引。當然，我不否認例外是有的，但我講的是一般規律。例如，在一所女子學校裡，若無男人在場，女教師們晚上的談話總是三句不離本行，而男子學校裡的男教師們則不是這樣。女子覺得這個特點表明女人要比男人本分，但是我並不認為這種本分最後能改善她們的工作質量。相反地，這只會造成目光短淺，往往導致偏執。

各種閒情雅興除了有重要的放鬆作用之外，還有許多別的益處。首先，它們能幫助人保持均衡感。我們很容易沉溺於我們自己的追求，我們自己的圈，我們自己的工作，以致忘記了這在整個人類活動中是何等渺小，忘記了世界上有多少事情完全不受我們的影響。你也許會問：我們為何要記得這些？這裡有好幾種回答。首先，對世界應有正確的認識，讓大千世界和自己必要的活動一致起來。我們每個人在世之日都很短暫，在此期間我們必須對這個奇特的星球以及它在宇宙中的位置，獲得一切應當知道的知識。無視求知的機會，就像進了劇院而不聽戲一樣。世界充滿了可歌可泣、光怪陸離的事情，凡對這一奇觀不感興趣的人，便是放棄人生賦予他的一種權利。

其次，均衡感很有價值，有時很能安慰人心。我們生活的角落，我們生與死之間的一瞬，常使我們過於重視，以致變得過於激動、過於緊張。這種機動和自視過高，毫無可取之處。誠然，那可能使我們工作得更努力，但卻不能使我們工作得更出色，產生良好結果的少量工作勝於產生惡劣結果的大量工作，雖然那些鼓吹緊張生活的人並不這樣認為。那些極其關心自己工作的人，總有變為狂熱分子的危險，他們特別記住一、兩件稱心的事而忘記其餘的一切，以為全力追求這一、兩件事情時，對於其他事情的損害是無關緊要的。要防止這種狂熱性，最好的辦法是充分認識人的生活及其在宇宙中的位置。就此而論，均衡感確實具有十分重要的意義，但是撇開這種特殊的意義不談，它本身就有很大的價值。

現代高等教育的缺陷之一是太偏重某些技能的訓練，而沒人教會人們以客觀的眼光去看待世界，以便開闊人的思想和心靈空間。讓我們假設你在致力於政治鬥爭，為了你一黨的勝利而努力工作。至此，一切都不錯。但是在鬥爭過程中可能出現一些機會，使你覺得若要獲得勝利就要在世界上增加仇恨、暴力和猜疑。例如，你也許會發現實現勝利的最佳途徑是去侮辱某個外民族。如果你的眼界局限於現在，如果你信奉效率至上的學說，你便會採取這類可疑的手段。由於這些手段，你眼前的目標是實現了，但將來的後果卻可能很慘。另一方面，如果你的頭腦裡總裝著人類過去的歷史，記得人類擺脫野蠻狀態是何等緩慢，以及人類全部的生命和星球的年齡相比較起來是何等短暫——如果這些念頭已注入你的日常情感中，你將發現你所從事的暫時性鬥爭，其重要性決不值得用人類的命運去冒險，把人類重新推到黑暗中。不僅如此，如果你未能實現眼前的目標，你也將意識到那失敗只是暫時的，而不願使用可恥的手段。在你當前的活動之外，你將有些遙遠的、逐步實現的目標，這些你不再是一個單獨的個人，而是引導人類邁向文明生活的大隊人馬中的一員。如果你達到這個境界，那麼不論你個人的命運如何，總會有某種深沉的快樂伴隨著你。生命將與各個時代的偉業密切相關，個人的生死也變得無足輕重了。

假如我有權按照我的意願去安排高等教育的話，我將設法廢除舊有的正統宗教——那些宗教只適用於少數最愚昧的青年——建立一個以某種也許很難稱為宗教的東西，因為它不過是將注意力集中於一些已知的事實。我將設法使青年清楚知道過去，清楚知道人類的未來很可能比他們的過去更為長久，深刻地意識到我們所居住的這個星球的渺小，以及在這個星球上的生活只是暫時的；在提供這些事實使他們了解個人微不足道的同時，我還將提供截然不同的另一類事實，以便使青年知道個人所能達到的偉大。史賓諾沙（Baruch de Spinoza）早就論述過人類的束縛和自由；他的形式和語言使所有學哲學的人都難於理解，但是我所要表達的與他所說的在本質上幾乎沒有區別。

一個人一旦領悟了（無論多麼短暫和簡單）造成心靈偉大的東西，如果他依然卑鄙，依然自私，依然為很小的不幸所折磨，依然害怕厄運的降臨，那他絕對不會快樂的。凡能達到心靈偉大的人，都會敞開思想的天窗，讓來自宇宙間四面八方的風自由吹入。他所看到的自己、人生和世界都像人力所能達到的那麼真實；由於認識到人生的短暫與渺小，他也會認識到已知的宇宙一切有價值的東西都集中在個人的心中。他還將看到凡思想反映著世界的人，在某種意義上將與世界一樣巨大。擺脫了環境的奴隸所感受的恐懼之後，他將體驗到一種深沉的快樂，雖然他表面上的生活仍起伏不定，但他在自己的心靈深處始終是一個快樂的人。

離開這些大範圍的討論，回到我們更直接的論題上來，即閒情雅興的價值問題。那麼另外有一種觀點也能使這些興趣有助於增進人類的快樂。哪怕是最幸運的人也會遇到不順心的事。除了單身漢，很少有人不曾與自己的妻子爭吵；很少有父母不曾為自己兒女的疾病操心；很少有商人不曾遇到經濟上的困難；很少有雇員不曾面對挫折。此時此刻，能撇開煩心事而對別的東西感興趣，那真是天大的恩賜。在這種時刻，雖有煩惱，一時也許無計可施，於是有人去下棋，有人去讀偵探小說，有人潛心於通俗天文學，還有人去瀏覽巴比倫的發掘報告。這四種人的行為都不失為明智之舉，而一個不以消遣來分散心思的人則任由他的難題把他徹低壓倒，以致等到需要行動時反倒沒有應付的能力。同樣的論點也適用於某些無可彌補的憂傷，例如某個親人的死亡。這時沉溺於悲痛中對誰都沒有好處。悲痛不可避免，也是意料之中的，但我們應當盡量加以限制。有些人企圖從不幸中榨出最後一滴痛苦，這只是一種感傷。當然，我不否認一個人可能被憂傷壓垮，但我仍堅持每個人都應竭力逃避這種命運，應當尋找消遣，無論如何瑣碎，只要不是有害的或可恥的就行。在我認為有害的或可恥的消遣中，包括酗酒和服用痲醉品，其目的是暫時毀滅思想。適當的方法並不是毀滅思想，而是把思想引入一條新的軌道，或至少是一條遠離眼前不幸的軌道。如果一個人的生活歷來集中在極少數的興趣上，而且這少數的興趣又蒙上了憂傷，那麼這一點是很難做到的。不幸到來時要能承受，明智的辦法是在平日快樂的時候培養廣泛的興趣，以便使心靈找到一塊不受干擾的地方，它產生一些別的聯想和情感，而不致只抱著難以忍受的聯想和情感。

一個有充分生機和興趣的人總是透過這樣的方法戰勝不幸，他在每次打擊之後對人生和世界重新產生興趣，對他說，人生與世界絕非如此狹小，即使一些打擊產生了致命的後果。當被一次或幾次的失敗擊倒，不該被視為感覺敏銳而受到讚美，而應視之為缺少生命力而可憐可悲。我們所有的情感都在死神的掌握之中，祂能隨時打倒我們所愛的人，因此，我們的生活絕對不可以置於狹隘的興趣之上，使我們人生的意義和目的完全受著偶然性的擺布。

由於上述原因，一個明智追求快樂的人，除了他藉以建立生活的主要興趣之外，還應設法培養一些閒情雅興。

〈第十六章〉
努力與放棄

中庸之道是一種乏味的學說。我記得我年輕時曾用輕蔑和憤怒的態度唾棄它，因為那時我崇拜英雄式的極端主義。然而，真理並非總是有趣的——許多事情之所以被人相信就是因為它們有趣，雖然事實上幾乎沒有證據對它們有利，中庸之道便是這方面的一個例子：它可能是乏味的學說，但在許多事情上是真理。

必須保持中庸之道的場合之一，是努力與放棄之間的平衡。這兩種學說都有其極端的鼓吹。鼓吹放棄學說的是聖徒和神祕主義者；鼓吹努力學說是效率論者和健壯的基督徒。這兩個對立的學派都有一部分真理，但並不是全部真理。在本章中我想努力找到一種平衡，並且我要先從贊成努力的角度談起。

除了極罕見的情形外，快樂不會像成熟的果子，單憑幸運環境的作用就能掉進你的嘴裡。這正是我將此書取名為《The Conquest of Happiness》（征服幸福）的原因。由於世界上充滿了可避免和不可避免的厄運、疾病、心理紊亂、鬥爭、貧窮和敵意，所以一個人要想成為幸福的人，就必須找到一些辦法來消除每個人都會遇到的不快樂的多種因素。在一些少數的情況下，也許幸福不費吹灰之力而來。一個性情溫和的男人若繼承了一大筆財產，並且身體健康，不追求奢侈，則可能終生享福，不知煩惱為何物；一個天性懶惰的美女若嫁給一個富有的丈夫而無需自己操勞，並且婚後不在乎發胖，在生兒育女方面也有好運氣，則同樣可能感到快樂。但這類情況是例外的。大多數人並不富裕；許多人並非天性溫和；許多人總是心神不安，以致感到寧靜而有規則的生活難以忍受；健康是一種並非人人可得的福分；婚姻也不會始終是快樂之源。基於這種種原因，對於大多數人來說，快樂是一種追求而非上帝的恩賜，而在這一追求中，內部的與外部的努力都具有極大的作用。內部的努力可能包括必要的放棄，因此，現在我們只談外部的努力。

無論男女，當一個人要為生存而工作時，這種努力的必要性是顯而易見的，不需要特別強調。印度的托鉢僧確實不必努力便可生存，只要伸出他的盂鉢來接受善男信女的施捨就能過活，然而在西方國家，當局並不贊同這種謀生之道。另外，西方的氣候也使得這種生活不及較熱且乾燥的國家來得愉快：無論如何，很少有人會懶到冬季寧可在戶外閒蕩而不願在溫暖的室內工作。因此，僅僅放棄在西方並不是一條走向幸運之路。

對於西方國家中的絕大部分人來說，單純生活不足以帶來快樂，因為他們還渴望獲得成就感。在某些職業中，例如科學研究，這種成就感亦可由那些並無豐厚收入的人獲得；但是在大多數職業中，收入變成了衡量成功的唯一標準。從這一點上看，放棄在大多數情形中值得提倡，因為在一個競爭的社會裡，只有少數人才能取得耀眼的成功。

努力在婚姻上是否必要，當視情況而定。在那些某一性別的人居於少數的地方，例如男人在英國，女人在澳洲，這種性別的人通常無須多少努力即可獲得滿意的婚姻。然而，如果這一性別的人居於多數，情況則會相反。當女人的數量超過男人時，她們為婚姻所付出的努力和心血是顯而易見的，只要研究一下婦女雜誌裡的徵婚廣告便可知道。當男人處於多數時，他們往往採取更直截了當的手段，例如使用手槍。這是很自然的，因為大多數男人經常處於文明的邊緣上。如果有一場瘟疫只讓男人倖免而使他們在英國成為多數，我不知道他們將會怎麼辦，他們也許會重新回到昔日大獻殷勤的態度上去。

顯而易見地，我們需要成功地促進孩子的進取心，也許誰也不會否認這一點。那些相信放棄，以及被誤解了的所謂「精神至上」的人生觀的國家，都是兒童死亡率極高的國家。不依靠世俗的職業，就不可能獲得醫藥、衛生、防腐、合理的飲食等等這些東西。這些東西能使人獲得應付物質環境的能量與智慧。凡把這些物質當幻覺的人，也往往無視灰塵的存在，結果反而會導致他們的孩子死亡。

一般說來，每個仍保持著天然欲望的人，都會把某種權力視為正常而又合法的目標。一個人所渴望的權力取決於他最強烈的情感。有的人渴望控制他人行動的權力，有的人企求控制他人思想的權力，有的人希冀控制他人情感的權力。有的人希望改變物質環境，有的人想透過掌握知識來獲得權力。每項公眾工作都含有某種權力欲，除非它僅僅以發財為目的。凡因人類的憂患而痛苦的人，如果他的痛苦是真誠的，定將渴望減少憂患。只有對自己的同胞完全淡漠的人才會對權力完全淡漠。因此，有幾種權力欲可以視為那種能建立良好社會的人的一部分組成。每種權力欲，只要不被扭曲，都包含著一種相關的努力。就西方人的心理而論，這個結論似乎已是老生常談，但是不少西方人仍在玩弄所謂「東方智慧」，而此時東方人正在把它拋棄。對上述這些西方人來說，我們所說的話也許都成問題了，如果真是這樣，那還是值得說的。

然而，放棄在征服幸福的過程中也有它的作用，而且其重要性並不在努力之下。明智的人雖然不會在面對可避免的災難前坐以待斃，但也不願意在不可避免的災難上徒費時間和精力，甚至對於某些可以戰勝，卻會引起時間和精力的過分消耗，以致妨礙他追求更為重大的目標時，他也寧願屈服。許多人稍不如意就煩惱或發怒，以致浪費了大量有用的精力。一個人即使追求真正重要的目標，也不宜陷得太深，以致一想到可能的失敗就心神不安。基督教總是教人服從上帝的意志，甚至那些不能接受這種說法的人，他們的行動中也應存有一些與此相仿的信念。在實際工作中，效率往往不能與我們對其所投入的情感相稱；的確，情感有時是效率的障礙。恰當的態度應該是，盡我所能，而把結局留給命運。放棄有兩種，一種源於絕望，一種源於倔強的希望。前者是不好的，後者是好的。一個遭受了徹底失敗而對重大成就失去了希望的人，也許會絕望地放棄，如果他真的學會了這種放棄，他便會終止一切重要的活動，他也許會用宗教上的詞句，或者用冥想才是人類真正目標這種學說來掩飾自己的絕望。但是無論他使用何種託辭來遮掩他內心的失敗，他始終是一個徹底不快樂的人。把放棄建立在倔強的希望之上的人，做法則截然不同。倔強的希望必定是很大而且是非個人性質的。無論我個人的活動如何，我都可能死亡或被某種疾病擊敗；我可能被敵人打倒；我可能發現自己走上了一條不能成功的蠢路。在成千上萬的形式中，屬個人希望的破滅也許不可避免，但若個人的目標已成為對於人類的大希望中的一部分，那麼當失敗到來時，也不至於被徹底擊倒。渴望有重大發現的科學家可能失敗，也可能因某種疾病而被迫放棄工作，但若他深切地希望科學的進步而不單希望自己個人的參與，那麼他決不會像一個純粹出於自私動機的科學家那樣感到絕望。致力於某些極迫切改革的人，可能發現自己全部的努力被一場戰爭擠上岔路，也可能發現他為之奮鬥的事業不能在他生前成功。但是他無須為之絕望，只要他關心著人類的未來而不介意自己個人的參與。

在以上所說的情形中，放棄都是極難的；但是在許多別的情形下，放棄則要容易得多。在這種情形中，次要的目標受到了牽制，而人生的主要目標仍然展示了成功的前景。例如，一個從事重要工作的人若因婚姻的不快樂而煩惱，那麼他就是在不應該放棄的地方放棄；如果他的工作真能讓他全神貫注，他應當能夠在他夫妻生活不快樂時仍像夫妻生活快樂時一樣擁有卓越成效地工作。

有些人甚至連一些日常的煩惱也不能忍受，殊不知那些煩惱足以占據大部分生活。他們誤了火車時大發雷霆，晚飯做得不好時惱怒不堪，煙囪漏煙時陷於絕望，洗衣店送貨誤了時間便發誓要對整個工業界進行報復。這種人在小煩惱上所花費的精力如果用得明智，足以建造或推翻帝國。明智的人不會去注意保姆沒有擦去的灰塵，廚子沒有煮好的土豆，以及掃帚沒有掃去的爐灰。我並不是說他即使有時間，對之也不採取辦法加以補救。我只是說他對於這類問題不應動感情。煩惱、不安和憤怒都是毫無用處的情感。凡這類情感強烈的人也許會說他們無法加以克制，而我也不知道，除了前已述及的那一根本的放棄之外，還有什麼辦法可以克制它們。將精力集中於一些遠大的而非個人的希望，不僅能使一個人承受住個人工作中的失敗、或婚姻生活的不幸，也能使他在誤了火車或把雨傘掉在泥沼中不再煩躁不安。如果他是一個天性暴躁的人，我不知道此外還有什麼辦法可將他治愈。

擺脫了煩惱的人將會發現，生活遠比他過去一直惱怒的時候快樂得多。熟人的怪癖以前會令他歇斯底里，現在則只會讓他感到可笑。當某人第三百四十七次講述特爾•弗格主教的故事時，他將以次數的記錄為樂，而不再企圖用自己的故事去轉移對方的話題。當他匆匆忙忙去趕早班火車時忽然鞋帶斷了，在臨時補救之後，他將想到宇宙中這件雞毛蒜皮的小事畢並沒有大不了的重要性。當他正在求婚時突然被一個討厭的鄰居來訪所打斷，此刻他將想到所有人都會遇到這類厄運——唯有亞當例外，但亞當也有他自己的煩惱。依靠奇特的比喻和怪異的類比，人們可以無限地從小小的不幸中找到慰藉。在我看來，文明社會中的每一個男女都有自己的一幅畫，一旦遇到什麼事情來破壞這幅圖畫時便會煩惱。最好的補救辦法是，不要只有一幅畫，而要有一個畫廊，要能隨著情況去作適當的選擇。如果那些圖畫中有些是可笑的，那就更好了；一個人整天把自己視為悲劇中的英雄是不明智的。我不是說一個人應當永遠自視為喜劇中的小丑，因為這種做法更令人討厭。審時度勢地選擇合適的角色需要一點機智。當然，如果你能忘記自己，不去扮演任何角色，那就再好不過了。但若扮演角色已成為你的第二天性，那麼你應想到你是在演出全部的節目，所以要避免單調。

許多有活動能力的人認為，些微的放棄、些微的幽默都會破壞他們工作的精力，都會減損他們藉以取得成功的決斷力。我認為他們錯了，值得做的工作同樣可由那些既不以工作的重要性，也不以工作的輕鬆性來欺騙自己的人去做。那些只有靠自欺才能工作的人，最好先學會忍受真理，然後再繼續他們的事業，因為靠自欺來支撐的需要，或遲或早會使他們的工作變得有害無益。既然有害，就不如乾脆什麼也不做了。世界上有益的工作，一半是用來對付有害的工作的。把少量的時間用於學會鑒別事實，不是浪費，因為以後所做的事便不大可能是有害的，而那些需要自吹自擂來刺激精力的人，他們做的工作就不同了。某種放棄就是願意正視關於自己的真理；這種放棄也許最初會帶來痛苦，但最終會給你一種保障——一種唯一可能的保障——使你不致像自欺者那樣嘗到失望與幻滅的滋味。最令人疲倦並且洩氣的事情，莫過於每天努力去相信的東西卻一天天變得不可相信。放棄這一努力，乃是獲得長久快樂必不可少的條件。

〈第十七章〉
快樂的人

顯而易見，能否享有幸福的人生，部分取決於外界的環境，部分取決於自身。在本書中我們一直在討論那些關於自身的部分，結果發現就這一部分而言，幸福是一件簡單的事。許多人認為，如果不多少擁有一些宗教信念，想要快樂是不可能的。還有許多本身便是不快樂的人認為，他們的憂傷具有高度複雜的知性成因。我不認為這些東西是快樂或不快樂的真正原因；我認為它們只是現象的表現。一般的情況是，不快樂的人會採納不快樂的信念，快樂的人則會接受快樂的信念；然而這兩種人都將自己的快樂或不快樂歸因於自己所抱持的信念，卻不知真正的原因並非如此。對於大多數人的快樂而言，有些東西是不可或缺的，但都是一些普通的事：食物、住所、健康、情愛、工作的成就和獲得社交圈成員的尊重等。對於某些人來說，生育繁衍也是不可或缺的。在缺少這些因素的情況下，只有某些個性特殊的人才可能獲得快樂，但如果具備了這些條件，或是透過正確努力去創造這些條件時還是感覺不到快樂，或許應歸咎於某種心理上的失調，如果這種心理失調很嚴重的話，也許需要精神科醫生的幫助，但是一般說來，當事人多能靠著自身的努力自我治療，只要他以正確的方法對待這個問題。只要外界環境不是悲慘至極，一個人只要把熱情和興趣投注在外界而非內在之上，他就有可能獲得幸福感。因此，在接受教育和適應世界的企圖上，我們應當盡量避免以自我為中心，並且去獲得那些能使我們免於自我耽溺的情感和興趣。大多數人的天性都不會以被囚禁為樂，而把我們幽閉在自身之內的情感，無異於一座最恐怖的監獄。這類情感最常見的有恐懼、妒忌、罪惡感、自憐和自戀。所有這些情感的指向都是以自我為中心；對外界沒有真正的興趣，只是擔心外界會以某種方式傷害自己或能不能滿足自我。人們之所以不願承認事實，並急於用謊言編織的外衣包裹自己，主要是出於恐懼，但是荊棘會戳破溫暖的外衣，冷風會從破裂的縫隙中長驅直入，所以那些習慣了溫暖的人較之那些一開始就磨練自己禦寒的人，要痛苦得多。何況，自欺者其實心裡都心知肚明自己在做什麼，所以總是生活在恐懼之中，生怕有什麼不幸的事情迫使他必須面對讓人不快的事實。

以自我為中心的最大弊病之一，在於它會使生活變得單調。確實，一個只愛自己的人不會因為情感生活混亂被斥責，但他最後卻會因所愛的對象一成不變而乏味到難以忍受。受罪惡感折磨的人乃是受著一種特殊的自戀之苦。在廣闊的宇宙中，他覺得最重要的東西莫過於自己崇高的品德。傳統宗教的最大缺點之一就是鼓勵了這種特殊形式的自我沉溺。

快樂的人總是生活在客觀之中。他有著自然的情感和廣泛的興趣，並藉由這些情感和興趣把握住了自己的快樂，也因為這樣的興趣與情感使他成為許多人的情感和興趣的對象。被愛是快樂的重要原因，但是索求愛的人卻總是得不到愛。總的說來，得到愛的人正是給予愛的人。但是有企圖地給予愛，就好像為了獲利而放貸一樣，是沒有用的，因為有企圖的愛是不真實的，被愛者也不會覺得那是愛。

那麼，一個因拘泥於自己而不快樂的人又該怎麼辦呢？只要他仍惦記著自己不快樂的原因，他就永遠以自我為中心而逃不出這個牢籠；想脫離這個牢籠，就必須有真正的興趣，而不是把興趣當作治病的權宜之計。雖然確實不容易，但若能正確分析自己的問題，還是有許多可行之計的。例如，如果他的煩惱是因有意識或無意識的罪惡感所致，那麼他可先說服自己的意識去相信，他沒有任何理由需要感到罪惡感，然後再透過我們在前幾章中討論過的方法，把這個經由理性確認的信念植入自己的無意識加強信念，並同時從事一些無分善惡的活動。當他成功消除罪惡感後，真正客觀的興趣也許就會自然而然產生。如果他的問題在於自憐，他可以先讓自己相信他所處的環境並沒有比別人不幸，然後也用同樣的方法處置。如果恐懼是他的問題所在，可讓他去進行增加勇氣的練習。自古以來，在戰場上的勇武表現已被視為一種重要的美德，針對男孩子或年輕男子的訓練，都旨在培養一種對戰鬥無懼的品格。但是對道德勇氣和智慧勇氣的關注卻少得多，然而，這兩種勇氣同樣也各有其培養技法。讓自己每天至少承認一個令你痛苦的真相，你將會發現這和童子軍的日行一善一樣有益。讓自己試著去感覺，即使你在道德和智慧上遠不如你所有的朋友（這當然不是事實），日子依然值得過下去。這類練習若能持續幾年，最終將能使你無畏的面對現實，讓你擺脫無處不在的恐懼的控制。

當你戰勝了自我耽溺的毛病之後，能有什麼客觀的興趣，那只能是你的天性和外界環境的自然而然的結果。不要事先對自己說：「如果我能迷上集郵，我一定會感到快樂。」因而開始去集郵，因為你可能會發現集郵並無多大樂趣。唯有真正引起你興趣的東西才會對你有益，但是你應相信，只要你學會不再以自我為中心，真正客觀的興趣自會產生。

在很大的程度上，幸福的生活就是快樂的生活。職業道德家太偏重於克己之道，結果使他們把重點放錯了地方。有意識的自制會使一個人變得專注於自我，以致念念不忘他所作的犧牲，這樣做的結果只能是：在眼前的目的和最後的目標上歸於失敗。人們需要的並不是克己，而是關注外界。它將使我們產生自發的行為——一個專注於追求自己道德的人只有透過有意識的克己才能做到這一點。我是作為一個歡樂主義者來寫這本書的，也就是說，我認為幸福便是快樂，但真正的享樂主義者所提倡的行為無異於清醒的道德家所提倡的行為。只是，道德家過於強調行為而忽視了心態，當然並非所有的道德家全都如此。其實，不同行為的效果之所以存在著巨大的差別，乃是因為當事人當時的心理狀態不同。如果你看見一個孩子落水，並憑著救人的直覺衝動去救他，那麼你在道德上是無可指責的。反之，如果你先自忖道：「救人是美德的一部分，我想做一個有美德的人，所以我必須去救那個孩子。」在這種情況下，事後的你反倒不如以前的你。適用於這個極端例子的道理，同樣適用於許多其他較不明顯的情形。

在我和傳統的道德家所提倡的人生態度之間，存在著另一種更加微妙的差別。例如，傳統的道德家說愛情不應該是自私的。在某種意義上，這是對的，這是說，愛情不應當過分自私，但愛無疑應有一定程度的自私，才能使人從成功的愛情中獲得幸福。假如一個男人向一個女人求婚的理由是希望她快樂，同時認為這是他自我犧牲的良好機會，那麼我想女方是否真的會快樂尚屬疑問。毋庸置疑，我們應當希望我們所愛的人幸福，但不應該用它取代我們自己的幸福。事實上，自我與他人是完全對立的，只有當我們真正關心自我以外的人或物，這種對立才會消失。透過這種關心，我們才會感到自己是生命之流的一部分，而不是像撞球一樣只是一個堅硬的實體，除了互相碰撞之外，與別的個體毫無關係。所有的不快樂都是基於某種分裂或不和諧；自身的分裂乃是由於有意識與無意識之間的不和諧；自己與社會的連結要靠客觀的興趣與愛，一旦缺乏這些力量，就會導致自我和社會兩者之間的不和諧。一個人，如果他是幸福的，就不會因這兩種分裂而痛苦，他的人格既不會分裂來對抗自我，也不會分裂來排斥世界。這種人覺得自己是世界的公民，盡情享受著世界所提供的景色與歡樂，他不會因想到死亡而痛苦，因為他覺得自己與後繼者之間並不存在真正的鴻溝。

將自我完全自然地融合於生命之流中去吧，你將覓得美妙無窮的幸福。

國家圖書館出版品預行編目資料

羅素的幸福解答之書 ： 陪你踏上幸福之路的解憂實踐指南 / 伯特蘭.羅素(Bertrand Russell)著；藍曉鹿譯. ——初版——[新北市] ：晶冠出版有限公司，2022.01
面；公分. ——（時光薈萃；10）
譯自 ： The conquest of happiness.
ISBN 978-626-95426-1-1（平裝）

1.人生哲學　2.幸福

191.9　　110020282

時光薈萃 10

羅素的幸福解答之書
——陪你踏上幸福之路的解憂實踐指南

The conquest of happiness

作　　者　伯特蘭.羅素（Bertrand Russell）
譯　　者　藍曉鹿
行政總編　方柏霖
副總編輯　林美玲
校　　對　謝函芳
封面設計　王心怡
出版發行　晶冠出版有限公司
電　　話　02-7731-5558
傳　　真　02-2245-1479
E-mail　ace.reading@gmail.com
部 落 格　http://acereading.pixnet.net/blog
總 代 理　旭昇圖書有限公司
電　　話　02-2245-1480（代表號）
傳　　真　02-2245-1479
郵政劃撥　12935041 旭昇圖書有限公司
地　　址　新北市中和區中山路二段352號2樓
E-mail　s1686688@ms31.hinet.net
印　　製　福霖印刷有限公司
定　　價　新台幣280元
出版日期　2022年01月 初版一刷
ISBN-13　978-626-95426-1-1

旭昇悅讀網 http://ubooks.tw/